RAFA NADAL
THE KING OF THE COURT

拉法·纳达尔
红土之王

[英]多米尼克·布利斯（Dominic Bliss） 著

赵化纯 林跃 译

重庆大学出版社

目录

序

他们亲昵地称他为"盛怒的公牛"。当每每看到拉斐尔[1]在球场上陷阵冲杀、汗如雨注，用力量、速度和浑身肌肉的组合，把对手碾压得服服帖帖时，你就该明白为什么有此称谓了。这个绰号同时催生了他网球装备和代言商品上极具个性的图腾——一对对称的闪电模样霸气牛角。

然而，我们大可不必被这"牛"气冲天所迷惑。球场上所看到的肌肉健硕的超级英雄，私底下内心其实跟你我一样的脆弱。这种怀柔之心偶尔会在拉斐尔场上一系列略显古怪的行为中展露出来。

这也是他会如此迷人的原因：他就是凡夫俗子和古希腊神话中大力神赫拉克勒斯的结合，或如他自己解释的那样，性格有点类似集超人和克拉克·肯特于一身。有时人们会觉得，在他超级英雄的肌骨下，隐藏着个怯生生向外窥望的小男生。的确，正如你将会在书里读到的那样，他甚至就是一个得开着灯睡觉、害怕打雷的成年男人。

这本书正好也是从这两个方向——强大的超人和羞涩的小男孩深入揭示了拉斐尔有趣的人格特性。选择从他的家乡马略卡岛开始序章，去探讨其个性特征和形成过程：他的左手握拍、极具进攻性的打法、商业营销、西班牙式的风格、托尼叔叔和爱妻梅里等挚友亲朋，以及对问鼎大满贯无止境的渴望。

在对拉斐尔进行人格特性探索的同时，书中着重描述了他漫长职业生涯里迄今为止最重要（并非仅指夺冠）的十一场比赛。从2003年ATP巡回赛上首次夺冠开始，梳理出他一个个职业生涯中的高光时刻，感受他如何成长为今天人们所熟悉和喜爱的世界冠军。其中包含他夺得具里程碑意义的大满贯冠军、首场戴维斯杯的决赛和奥运金牌赛。

同时，全书还贯穿了一系列统计数据信息图表，以解构图表的方式勾画出他的球场生涯中的闪光点。体育，尤其是像网球这样的运动，总是人性特质和统计学的结合。为了真正能了解清楚拉斐尔这位球员，更需要从这两个方面进行评估。

右页：拉法2022年法网夺冠后

1　**译者注**：拉斐尔·纳达尔，又名拉法·纳达尔，本书中为叙述方便二者都用，不做区分。

的确，在整个的职业生涯中，我曾经历过不少次非常困难的局面，但积极向上的态度和正确的与人相处之道，起到了关键作用，使我得以找到继续前进的方式。

——拉法·纳达尔

早期
阶段

拉斐尔之前，马纳科尔以两件事闻名：家具制造和人造珍珠。不过，自本世纪初以来，这两个行业都被一位著名的马纳科尔人（完全可以说是有史以来最著名的马略卡人——拉斐尔·纳达尔）不断增长的名望所淹没掉了。如今，这位获得20个大满贯单打冠军（截至此书首版之时）的网球运动员，已得到了全世界的公认，他的家乡——西班牙马纳科尔也因他而成为地球版图上一处重要标注点。

从整体而言，马纳科尔之于西班牙本来算不上特别的城市。它是马略卡岛上的第二或第三重要中心城市（这得取决于你自己的看法），排在首府帕尔马之后。

旅游指南Rough Guide对它的描述也不太友善："（它）是网球明星拉斐尔·纳达尔（Rafael Nadal）的家乡，工业城市马纳科尔处处彰显着自己的产业范围，路边巨大的广告围栏宣传着它的家具、锻铁和人造珍珠产品以及工厂。"靠着这些产业，马纳科尔上升为马略卡岛的第二大城市，虽比帕尔马小很多，但已经足以在其四周，催生出不怎么上档次的郊区。因而，在当地人眼中，他们坚持认为马纳科尔只算是个"大点的城镇，而不是一个城市"，为了体现城市特色，古老的中心区域已经被修复得漂漂亮亮，重要的建筑也被修葺粉刷一新，大道和广场还种植了灌木和绿植。

公平地讲，看似平平无奇中却又包含一定程度的工业化，是对这座城市最好的描述，不过它的的确确还是有些特色性建筑的。城市官网上有宣传当地的音乐和舞蹈学校、博物馆、图书馆、加泰罗尼亚语言学院以及各种大大小小的文化剧院。然而，这一切相较于这座城市的主角——赫赫有名的马纳科尔之子，或许都相形见绌。

现在，拉斐尔这个名字与他出生及居住过的这个岛屿已密不可分。每一个马略卡人，无论是本地人还是外来的

左图：少年纳达尔手捧马略卡网球俱乐部赢得的奖杯

移民，都知道他是谁！他是干啥的！以及他长成个啥样！人们将拉斐尔称为"马略卡先生"不是没有道理的。

拉斐尔·纳达尔·帕雷拉出生于1986年6月3日。像所有西班牙人一样，纳达尔（Nadal），这个如今如雷贯耳的姓氏，源自他的父亲塞巴斯蒂安·纳达尔（Sebastián Nadal）。而他的第二姓氏则来自他的母亲安娜·玛丽亚·帕雷拉。顺便说一下，在整个加泰罗尼亚岛的马略卡方言中，Nadal的意思是圣诞，与英语中的"natal"同源，即耶稣基督的诞生。

四岁开始，小拉斐尔就在位于市中心东部公园大道上，一家叫马纳科尔的网球俱乐部（Club Tenis Manacor）学网球。俱乐部很早之前进行了翻新改造，现在有五个网球场、两个壁球场和两个"板网球场"或"笼式网球场"（一种流行的球类运动，球场比标准网球场地小且全封闭）。但在20世纪90年代初，当拉斐尔开始在那里学球时，那个场地不客气地讲可以用 "简朴低调"来形容。这是个看起来相当俗气的中心会所，一楼有一个餐厅，卖的比萨味道很不错，旁边还有个品种琳琅满目的酒吧。不过，会所的装饰是古老陈旧的中世纪风格，像极了一个风烛残年，需要得到关怀的垂暮老者。

尽管是这里孕育了欧洲有史以来最具名气的网球运动员之一，但如今的俱乐部里几乎寻觅不到多少拉斐尔留下的青春痕迹。唯一能证明巨星曾在此度过了大半青春年华的，就是墙上零零星星地贴着的几张廉价海报。没有雕塑；没有以他命名的球场；没有鼓励后来的年轻马纳科尔人去追随榜样脚步的牌

左图：马纳科尔网球俱乐部，纳达尔初期接受网球训练的地方

匾。然而不远处，由拉斐尔后来创建的拉斐尔·纳达尔学院和拉斐尔·纳达尔体育中心看起来更大、更高科技，也更耀眼炫目，足以让其年少学艺的小俱乐部黯然失色。

当时，年少的拉斐尔和家人就住在俱乐部对面的一套公寓中。他的叔叔托尼则在那里担任网球教练。而那时的拉斐尔却热衷于踢足球，有人经常看到他和小伙伴在马纳科尔的街道上踢球。有一天，他加入了叔叔指导的一群年轻网球运动员行列。托尼说，他的侄子最初觉得网球运动相较于足球很是无聊。拉斐尔后来回忆，"从一开始我就是个天生的球员。"他说："我第一次接触网球的时候，已经有了很好的手感。""我刚上手就已经能打得很好了。"

直到 13 岁，叔叔才开始单独指导他，在这之前他都是跟着一群孩子一起训练。不过，侄子的身份并不能保证他能有任何特殊待遇。"托尼叔叔从一开始就很严厉，比对其他孩子都要严厉，"拉斐尔在他 2011 年的传记《拉斐尔——我的故事》中说道。"他的要求很多，给我很大的压力。他经常使用粗暴

左下图：2006 年，纳达尔的叔叔托尼，罗兰加洛斯球场指导弟子

右下图：2000 年，纳达尔参加法国西南部举行的欧洲最高等级 Les Petits As 少年网球赛，获得冠军

左图：年少时纳达尔就很受粉丝欢迎。在法国的 Les Petits As 网球赛为粉丝签名照

的语言对我大喊大叫，让我感到很害怕，特别是只有我们两人训练时。只要来到球场看到没其他人，一想到就我们俩单独训练，我心里就会咯噔一下。"

拉斐尔还说托尼叔叔故意刁难他，甚至"区别对待"，训练结束时经常要求他留下来捡球，并且捡的次数比同队的其他年轻人多得多。叔叔还会命令拉斐尔在每次集体训练后整理场上的红土。当他注意力涣散时，他会毫不犹豫地拿起球从球场的另一角向他砸去。好几次，拉斐尔都是流着泪回家向妈妈哭诉。如今，这位球员深信，正是他叔叔从前的这种严厉造就了他之后职业比赛中表现出的坚忍不拔的超强意志力。

拉斐尔成长过程中其实并不缺乏自律。在球场上，托尼坚定地认为自己侄子已经表现得近乎完美了（一直以来你都不可能看到他在球场上怒砸球拍）；在生活中，拉斐尔父母还经常向他灌输社交礼仪和礼貌待人。他们教他餐桌礼仪、待人接物的礼节以及对他人的尊重：当家里有客人来，拉斐尔总是会来到门前相迎；在大街上偶遇到熟人时，他的父母教导他要习惯与朋友寒暄问候；甚至当他参加青少年足球比赛输球后，他的父亲也一定要求儿子主动上前与获胜队的球员一一握手祝贺。

作为家里长孙，拉斐尔几乎是家族从上到下的一枚团宠，特别是爷爷唐·拉斐尔·纳达尔、外公佩德罗·帕雷拉、姑妈兼教母玛丽莲·纳达尔，以及舅舅兼教父胡安·帕雷拉。小时候，拉斐尔的一大家人都住在马纳科尔或其邻近的海滩度假胜地——克里斯托港。拉斐尔将他的成长经历描述为一段 "童话般的童年"。尽管现在双亲已经离异，但他仍然将自己在体育方面的成功归功于这强大而稳定的家族背景。

传统的西班牙，儿子和女儿通常会和父母住在一起，直到结婚后搬出去。即使不住一起了，周末他们也通常会搞个家庭大聚会，以增进亲情。

在当地的文化氛围中，人们通常会熬夜应酬，而且一般会待到午夜之后。傍晚时分，你会看到大人们去餐馆聚会，婴儿车就放一旁，里面还躺着熟睡中的小宝贝。这在当地是司空见惯的。因此，年少的拉斐尔也会时常和家庭成员一起去酒吧和餐馆聚会。他还记得只要有空闲就会和他的叔叔们一起玩足球。

足球在纳达尔家族中占有重要地位。爸爸塞巴斯蒂安和除了托尼叔叔外的其他兄弟都曾是足球球员。拉斐尔的一位叔叔，曾效力于水平略低的马略卡联赛，而另一位叫米格尔·安赫尔的叔叔则效力于一家具有很高水平的国际足球俱乐部，那是一支参加西班牙甲级联赛的球队。作为曾经的巴塞罗那俱乐部、皇家马略卡和西班牙国家队的后卫及中场球员，米格尔·安赫尔叔叔因他超强的身体素质和空中控球能力，被英国小报誉为"巴塞罗那野兽"。《泰晤士报》也曾将他列入有史以来"最强悍足球运动员"。他在20世纪90年代曾风光一时，帮助巴萨（巴塞罗那俱乐部的简称）赢得过多座奖杯，包括欧洲杯和五个西甲冠军。在国际赛场，他曾为西班牙队出场62次，其中包括三次世界杯比赛。

小时候，拉斐尔经常在皇家马略卡队位于帕尔马的主场观看叔叔的比赛。在他10岁的时候，还曾陪叔叔来到巴萨足球俱乐部诺坎普球场，在训练结束后与球队其他成员混成一片。所有这些都意味着，纳达尔家族已经习惯了在自己圈子里有个体育巨星的存在，这也许可以解释，为什么他们对拉斐尔后来的成功看得如此云淡风轻。

拉斐尔回忆道："我从叔叔身上瞅见了自己未来的生活。"他赚钱了；他成名了；他出现在了各大媒体上，他走到哪里都会受到人们的前呼后拥。"但从不觉得有什么了不起。"

拉斐尔父亲的职业生涯，没有兄弟米格尔·安赫尔那么的光鲜，但也发展得很好。他现在是马略卡岛最知名的商人之一（见第六章）。当拉斐尔还是个孩子的时候，他父亲经营的那家玻璃制造公司就开始变得很成功。这得益于马略卡岛作为度假胜地的优势，因为当地的建筑业的蓬勃兴起，他所经营的专为建筑行业提供门窗和桌面材料的玻璃制造公司，收益也随之水涨船高。

拉斐尔的母亲也曾涉足商业领域，在马纳科尔经营过香水店。后来她放弃

右图：2011年，纳达尔的妹妹玛丽贝儿在马略卡岛

了，专注于拉斐尔和妹妹玛丽贝尔的培养。

玛丽贝尔比哥哥小五岁，和哥哥关系一直亲近。与其他同样年龄差的兄弟姐妹不同，兄妹两人经常一起出门玩耍，拉斐尔总是很爽快地邀请妹妹一起参加和伙伴们的聚会。即使是现在，当他出国参加ATP巡回赛时，还声称很想念妹妹。

拉斐尔的家人从不因为他是著名球星而让亲情变味，玛丽贝尔也是如此。当她到巴塞罗那的一所大学攻读体育教育学位时，她也从未向外人炫耀哥哥是拉斐尔。直到学校的老师在罗兰·加洛斯比赛现场的电视录像中认出了玛丽贝尔，学校里的很多老师们才恍然明白过来她是拉斐尔的妹妹。

体育运动，主要是足球和网球，占据了小拉斐尔大部分的青春时光。此时的他要么是在马纳科尔俱乐部打网球，要么就是在马纳科尔另一个俱乐部踢足球。他坦言自己是个狂热的足球迷，曾梦想成为职业足球运动员。11岁时，踢左边锋位置，还帮助球队赢得巴利阿里群岛的青少年组冠军。在描述那场球赛胜利之后的心情时，他说跟多年后赢得网球大满贯赛事后的兴奋感觉是一样的。

同时，在叔叔托尼近乎严苛的教练风格培养下，他的网球技术飞速增长。在这个阶段，拉斐尔每天必须打一个半小时的球，一周打五天。托尼会让他刻苦练球，鼓励他持续地分析自己的每一次比赛。

8岁时，拉斐尔就赢得了巴利阿里群岛锦标赛12岁以下组别的冠军。考虑到他的对手是9岁、10岁和11岁的孩子，而且是来自该群岛所有四个岛屿——马略卡岛、梅诺卡岛、伊比沙岛和福门特拉岛，能取得这样的成绩，已绝非易事了。

球场上，是托尼叔叔不断地推动着拉斐尔前行，但事实上没有人比拉斐尔本人对自己的要求更高。托尼曾说："拉斐尔是个充满激情的小家伙，他热爱运动。我一直说喜欢对自己工作充满激情的人，不喜欢看到那些对自己的工作没有激情的人。这就是拉斐尔的特点，他从小时候就有激情。我们的目的是要激发出这样一种潜力"。

尽管小有成绩，但托尼绝不允许侄子骄纵。他不断想办法让他保持谦逊，即使在他网球事业已成绩辉煌的时候。托尼教给他在任何时候都要尊重对手的重要性，以及在比赛中需要表现出冷静和严肃。托尼承认，在那些早期比赛中，他会时常淡化甚至贬低拉斐尔的成功。他的风格不是赞扬他侄子赢得的比赛，而是时刻指明他还需要对比赛中的哪些部分进行改进。任何胜利的迹象都会被迅速地掩饰起来。

拉斐尔家族里的其他人曾对托尼的严厉方法持怀疑态度。他的教父甚至指责托尼让拉斐尔遭受精神虐待。但最终，他们还是放任其自由发挥，继续着这种高压式教学方式。

其中发生的一件事最能概括托尼老是爱在拉斐尔比赛时扫兴。拉斐尔11岁的时候网球已经打得非常棒了，已经成功地赢得了西班牙12岁以下的青少年锦标赛冠军。自然，拉斐尔和家人们都很高兴，唯独托尼没有。当所有人都想庆祝的时候，这位沉闷的叔叔假装体育记者打电话给西班牙网球联合会，要求联合会提供在拉斐尔之前获得过这一冠军头衔的前25个青少年冠军的名字。然后他一一念出这25个名字，问他的侄子是否听说过任何一个球员。结果，这25人中只有五分之一的人，在以后的职业网球圈中有点点成就。据托尼说，这证明了当时的拉斐尔在职业巡回赛中最多只存在五分之一的成功机会。

托尼后来在接受BBC采访时说："我对拉斐尔要求很高，因为我很在意。

我相信艰苦训练会有结果，我也相信只有那些足够努力、足够坚强的球员，才能够承受这种高强度训练。我无法理解做事不努力会是个什么样子。这就是我对拉斐尔有如此高要求的原因。我知道他是能承受的。"

又过了几年，当拉斐尔在南非赢得一个由耐克赞助的青少年比赛时，托尼还是类似的态度。在回到马略卡后，拉斐尔的教母在他祖父母的公寓里组织了一个接风聚会，还在墙上挂了幅巨大的、有点搞怪的祝贺横幅。结果拉斐尔却没能参加，因为托尼在门口拦住了他，把横幅从墙上拉下来，还训斥了教母，并作为对其虚荣心的惩罚，强迫拉斐尔参加第二天的清晨训练课。

下图：2014年，纳达尔父亲塞巴斯蒂安、妻子梅丽和母亲安娜玛丽亚在罗马观看比赛

最高球员最快发球

纳达尔与今昔球员对比图

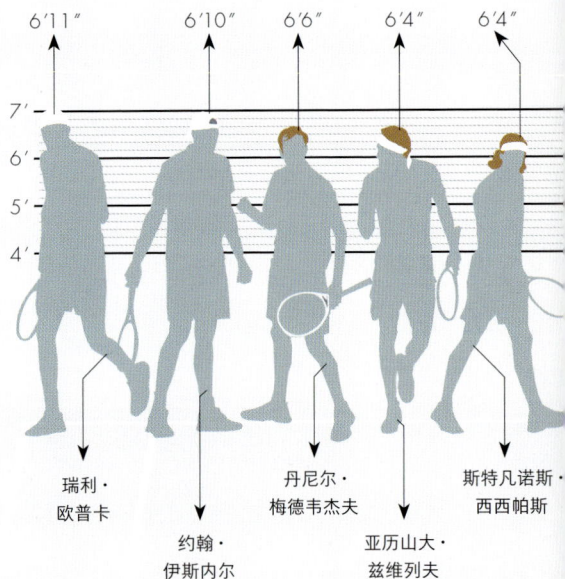

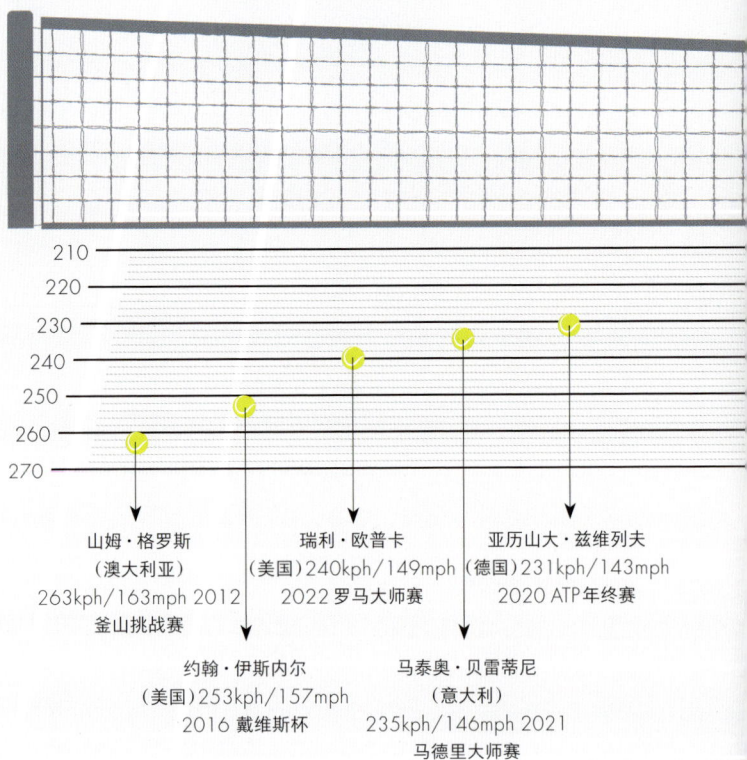

6′11″ 6′10″ 6′6″ 6′4″ 6′4″

7′
6′
5′
4′

瑞利·
欧普卡

约翰·
伊斯内尔

丹尼尔·
梅德韦杰夫

亚历山大·
兹维列夫

斯特凡诺斯·
西西帕斯

210
220
230
240
250
260
270

山姆·格罗斯
（澳大利亚）
263kph/163mph 2012
釜山挑战赛

约翰·伊斯内尔
（美国）253kph/157mph
2016 戴维斯杯

瑞利·欧普卡
（美国）240kph/149mph
2022 罗马大师赛

马泰奥·贝雷蒂尼
（意大利）
235kph/146mph 2021
马德里大师赛

亚历山大·兹维列夫
（德国）231kph/143mph
2020 ATP 年终赛

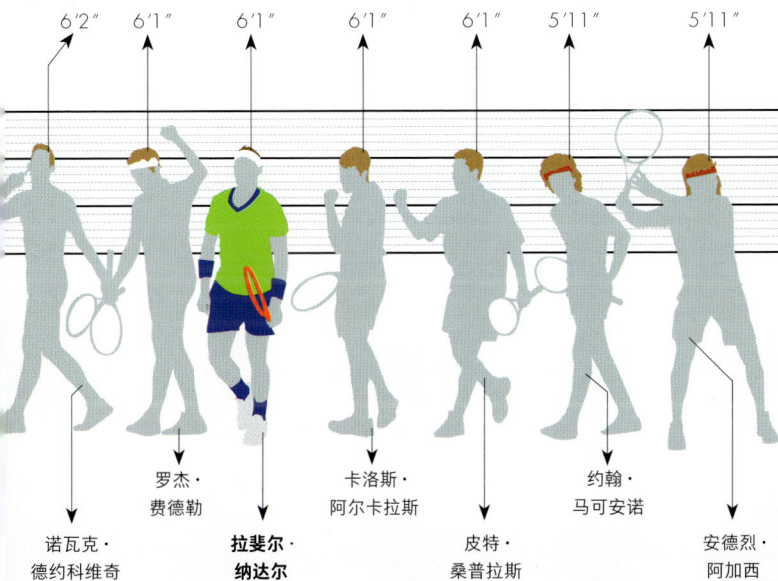

6′2″ 6′1″ 6′1″ 6′1″ 6′1″ 5′11″ 5′11″

诺瓦克·
德约科维奇

罗杰·
费德勒

**拉斐尔·
纳达尔**

卡洛斯·
阿尔卡拉斯

皮特·
桑普拉斯

约翰·
马可安诺

安德烈·
阿加西

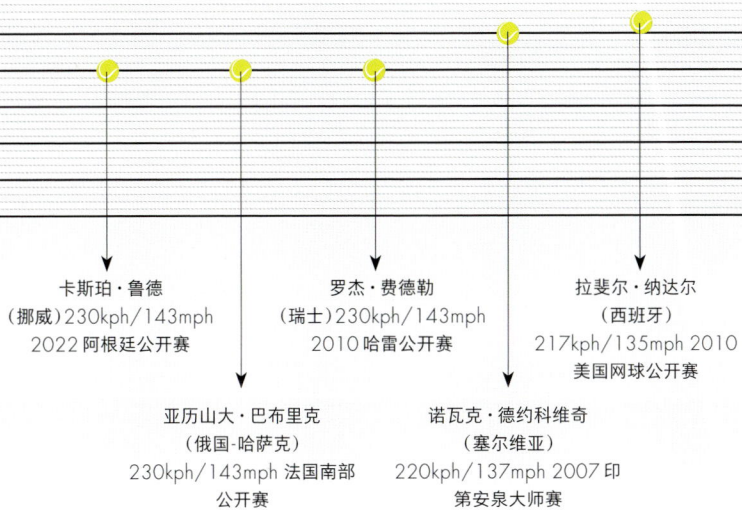

卡斯珀·鲁德
（挪威）230kph/143mph
2022阿根廷公开赛

亚历山大·巴布里克
（俄国-哈萨克）
230kph/143mph 法国南部
公开赛

罗杰·费德勒
（瑞士）230kph/143mph
2010哈雷公开赛

诺瓦克·德约科维奇
（塞尔维亚）
220kph/137mph 2007印
第安泉大师赛

拉斐尔·纳达尔
（西班牙）
217kph/135mph 2010
美国网球公开赛

"我想让他知道，就格局而言，他在那个年龄段所取得的一切都还不是很重要，"托尼后来说。"我不想让他期望太多。我想让他明白这只是一小步，如果他还想进步，就必须继续非常努力地训练。"

虽然要求很严苛，但这样的方式确实起到了好的作用。后来有一次，拉斐尔前往马德里参加西班牙14岁以下全国锦标赛。在第一轮比赛中，他摔了一跤，并且把他的左手，也就是他的持拍手的小手指摔断了。尽管很痛，但拉斐尔拒绝退赛。他也不敢向托尼抱怨，因为他知道托尼不会同情他。于是他咬紧牙关打完每一场比赛，并进入了决赛。在决赛中他一举击败了他的密友托梅乌·萨尔瓦，赢得了冠军。到了冠军颁奖仪式时，他因为手指痛得实在举不住奖杯，不得不请另一位球员帮他高举奖杯才完成拍照。

那个年龄的拉斐尔既要打网球又要踢足球，其间还有学业的压力。逐渐地他知道在两项运动中他必须要放弃一样。尽管他很喜欢足球，而且毫无疑问也是个极具天赋的球员，但他还是选择放弃了足球。从此，足球成了一项他业余踢着玩玩，或偶尔为网球场观众助兴的一种爱好。但作为粉丝，他在背后一直支持并热爱皇家马德里队。

偶尔，拉斐尔会跟另一位在帕尔马的网球教练乔弗里·波尔塔训练。多年后，波尔塔仍然对当时带着训练的这位年轻人的毅力印象深刻。他特别提到了一件事儿，那件事情将这种毅力体现得淋漓尽致。在青少年阶段，网球比赛很少有边线裁判，所以通常都由对方球员判断球的落点。在一次比赛中，打到一个关键比分时，尽管拉斐尔的球明显落入了界内，但他的对手喊了界外。他望着我说："这太不可思议了！他耍赖作弊"，波尔塔回忆说。"我讥讽地回答道：'我以为你是个勇敢的男子汉，可以面对所有的问题？'他突然非常认真地看了看我，然后毅然转身回到场上，奋力搏击，最终赢得了那场比赛。这就是真正的冠军心态。这些年里，我记忆中有成千上万这样的例子。"

在这期间，纳达尔家族拥有两处住所。其中一处是一栋五层高的公寓楼，在马纳科尔的圣母悲伤教堂（Església de Nostra Senyora dels Dolors）附近。这座教堂有着宏伟的尖顶和钟楼，极尽精致壮美。整个大家族的大部分时间都是一起在这栋公寓楼里度过的——母亲、父亲、叔叔、阿姨、堂兄弟姐妹和祖父母，他们分住在不同的楼层，但亲密无间。另外一个住处是在8英里外，风景更为迷人的海滨城市克里斯托港，同样也是座公寓楼，同样也是一家人热闹地居住在不同楼层。

拉斐尔很喜欢这样的大家庭氛围。在他14岁的时候，他得到了在巴塞罗那的一所网球学院（圣库加高水平运动中心）训练的奖学金，但父母和托尼叔叔却拒绝了这个机会。他们担心在巴塞罗那这样一个城市里生活，缺失了家里人的监督，拉斐尔会管理不好自己。

"其实，一切都只能取决于自己，如果想做好一件事，那么在任何地方你都是可以做好的，"托尼后来解释家人让他留在马纳科尔的决定时说。"我不觉得一定得去美国或其他地方，才能成为优秀的运动员。留在家里，一样可以成为翘楚。在我们大家族里有两个运动员都很成功。米格尔就在马纳科尔生活和训练了一辈子，拉斐尔同样也应该如此。与家人在一起的好处对拉斐尔来说是非常明显的。这里的生活宁静不嘈杂，训练也有保障，不管从哪方面讲都好处多多。"

然而，一年后，他们还是决定把拉斐尔送到马略卡岛首府帕尔马一所体育寄宿制学校，Centre de Tecnificacio Esportiva Iles Balears，简称CTEIB。他只有在周末才能回家。

学校里设施一流：网球场、符合奥林匹克标准的游泳池、田径场、橄榄球场、篮球场、排球场、理疗和运动医学中心，所有这些都源于纳税人的资助。但拉斐尔却感觉在那里很痛苦。他想家，非常思念家人，以及在马纳科尔恬静的生活。他抱怨那些排得毫无空闲的课程表，自觉学业也不够拔尖，尽管每次都通过了考试。

学校教练乔弗里·波尔塔对他的回忆却不尽相同。"拉斐尔是个普通的学生。他的学习水平整体尚可接受，他坚持认真学习，直到需要外出打比赛才暂停。他最擅长的科目无疑是体育。"

拉斐尔最终说服了父母，让他离开了学校。有段时间，母亲坚持希望儿子能上大学，要求他参加了个远程学习课程。但没过多久，拉斐尔在飞往加那利群岛的飞机上，居然弄丢了所有的资料。他说："从那时起，正规教育对我而言就算结束了。"

此后，拉斐尔的整个世界就只围绕一件事，而且是唯一的一件事：网球。

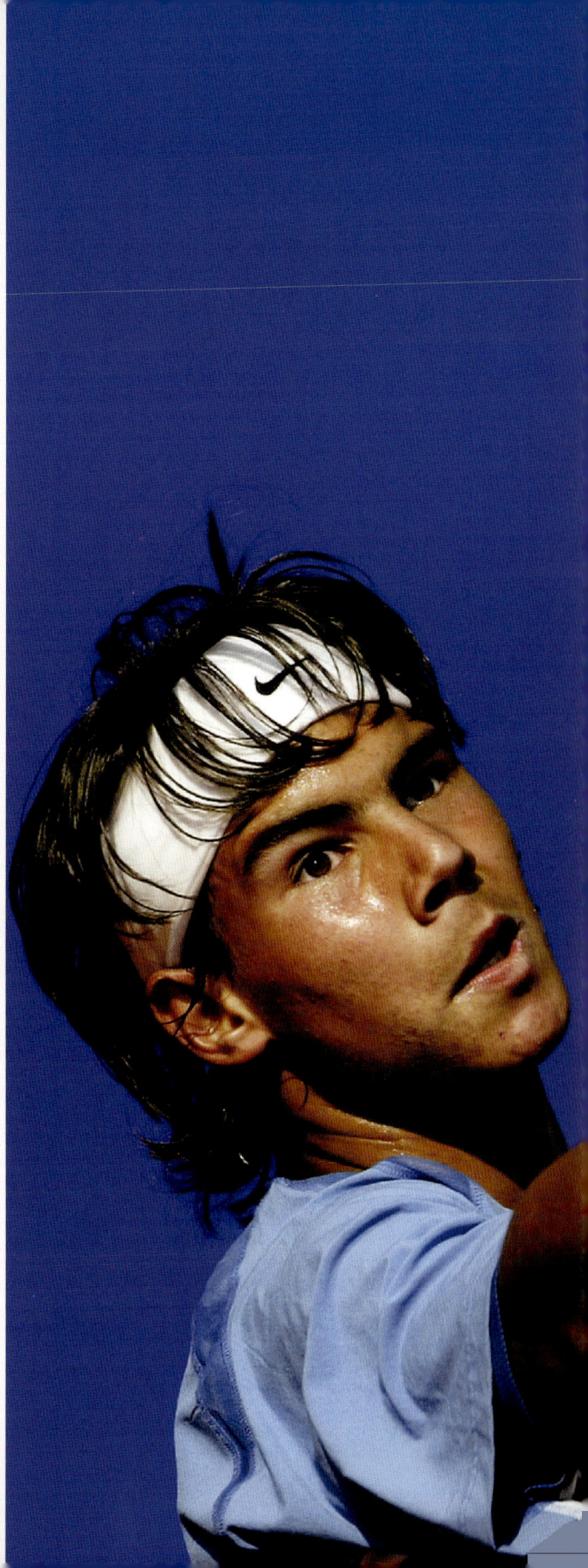

在一场表演赛中，我输给了他。他只有14岁，但我安慰自己说，我输给的是未来罗兰·加洛斯冠军，这让我稍稍振作了起来。

——帕特·卡什

比赛

蒙特卡洛大师赛

2003年4月16日

法国罗克布伦·马廷角，蒙特卡洛乡村俱乐部

第二轮: 拉斐尔·纳达尔 vs. 阿尔伯特·科斯塔

拉斐尔·纳达尔 7：5、6：3 阿尔伯特·科斯塔

2001年，拉斐尔开始参加ATP巡回赛，尽管最初是在ITF希望赛和ATP挑战者赛这种较低水平比赛中亮相。为他首次赢得ATP排名积分的比赛，是9月在马德里举行的ITF希望赛。在那场比赛中，拉斐尔输给了自己的同胞选手吉列尔莫·普拉泰尔。

2002年，他在马纳科尔的红土场，首次参加ATP巡回赛。后来，这项被称为六月的马纳科尔锦标赛被改成了草地赛事。在首轮比赛中，他击败了巴拉圭选手拉蒙·德尔加多。这是他的ATP巡回赛首场胜利。在赛季的余下比赛中，他完成了多个希望赛和挑战赛的赛事，先后在阿利坎特、维哥、巴塞罗那和大加那利岛有所斩获。

这些都为他2003年4月首次参加成人比赛取得了宝贵经验。年仅16岁的他，以世界排名第109位，开始了蒙特卡洛大师赛上的处子秀，这项仅次于大满贯的ATP大师赛，对他而言可谓困难重重。而这次首秀他可以说是闪亮登场。在第一轮比赛中，他以6：1，6：2击败了斯洛伐克选手卡罗尔·库切拉。第二轮，却遭遇了当时法国公开赛的卫冕冠军，也是最出色的红土场选手之一——西班牙人阿尔伯特·科斯塔。

在与阿尔伯特·科斯塔比赛之前，拉斐尔状态非常好，在AIP挑战者赛（低于ATP巡回赛级别）中打进过四场决赛，并赢得了其中的一场。与阿尔伯特·科斯塔的比赛是他ATP巡回赛中的第四场比赛。整个网球界都在为这位红土新生力量感到兴奋。但也没有期望他能打赢科斯塔。毕竟这位经验丰富的27岁（乍看还不止27）的球员，去年才刚刚问鼎了罗兰·加洛斯，而且还曾获得过11次ATP的红土冠军。

右页: 2003年，16岁的拉法知道他在蒙特卡洛红土地上的第一场胜利有多么重要

当天担任福克斯体育电视频道现场评论这场比赛的，是英国著名体育评论员约翰·巴雷特和杰森·古道尔。当拉斐尔走上球场时，约翰·巴雷特说："这是个具有巨大潜力的年轻人。"巴雷特进一步解释说，他成功的关键得益于经验丰富的西班牙球员卡洛斯·莫亚（马纳科尔人）的指导。"他是年轻人的导师。对于像这样年轻的球员而言，有一位莫亚这样经验丰富的人贴身指导，好处绝对是显而易见的。"

古道尔也附和道："能从货真价实的前世界排名第二、大满贯冠军那里获得指教，绝对是无价之宝，"他补充说。"希望这一优势能让年轻人快速成长为业界顶流。"

拉斐尔身着深色短裤、白上衣，头上绑条白色头巾（这很快就成为公认的标志性着装）。一开始他想把比赛带入自己的节奏。巧妙地利用精准的落点，并且通过顽强的防守努力延长每一分的时间，使年长的对手感觉到了体能的压力。慢慢地，拉斐尔开始占据了场上的主动。随着比赛的继续，科斯塔开始越打越紧张，失误开始逐渐增加。最后以一记正手失误，拱手送出了第一盘。

第二盘3:1领先时，这位年轻选手向对手施加了更大的压力。在打成平分时，他用一次次大力回球将科斯塔压制在底线附近，再以网前截击加一记精彩的、无法救回的高压球，结束了这一分。在赢得这一分后，拿下了这一局，4:1领先对手。

最终，在比赛进行整整两个小时后，局比分5:3领先时，拉斐尔获得了三个赛点。但事实上他只用了一个。科斯塔一个回球失误，以5:7、3:6输掉了这场比赛。

"这场比赛确实打得挺不错，"拉斐尔事后说。"开始的时候，还打得有些拘谨。我想有可能是因为我太仰慕他了，或者说是有点害怕。但在比赛过程中，我开始打得越来越好。我觉得后来也许（科斯塔）有点害怕了，因为他的对手是个初出茅庐的家伙。但是，说实话，对赢得这场比赛，我并不是很有信心。"

评论员约翰·巴雷特对这场比赛的评价极尽溢美之词。"对于一个年轻球员而言，这是一场震撼性的胜利，以一种势不可挡的方式，向世界宣示自己击败了当今最优秀的红土场球员。"

右页：纳达尔和卡洛斯·莫亚（朋友、导师和马略卡老乡）在巴塞罗那赞助商活动中合影

2

马略卡
少年

据家族流传下来的传说，纳达尔家族的祖先们从14世纪起就居住在马略卡岛了，那时马略卡岛还被称为Regnum Maioricae，或称马略卡王国。虽然拉斐尔本人在岛上只居住了35年，但要领略他在马略卡社会中的地位，就有必要首先了解巴利阿里群岛的历史。

有鉴于该岛在地中海的特殊位置，几个世纪以来，它时常遭到入侵。首先是塔拉底特人（可能来自小亚细亚），后来是腓尼基人、希腊人、迦太基人、罗马人、汪达尔人、拜占庭人和各种北非势力，他们都曾轮流掠夺和征服过这座岛屿。

到了中世纪时期，马纳科尔逐渐繁荣起来，甚至享有过自治时期，最后在18世纪初才成为统一的西班牙的一部分。

西班牙内战后，岛民们相对安然无损，但小岛的经济却完全转型，迎来了大规模的套餐式旅游，还伴随着"18到30岁派对之夜"的旅游组织方式。马略卡岛上的帕尔马国际机场，20世纪50年代末开通，但很快就达到了每年一百万名乘客的流量。在2020年疫情暴发前，此数据已经激增到每年近3000万人，旅游业产值占GDP的80%。

但近年来，旅游业的发展方向已经发生了根本性的变化。岛上的政府已经意识到，廉价的套餐旅游并不能符合这个地中海边远小岛的未来。他们宁愿来的游客少一些，但个个都是口袋里装满钞票的。这一方面限制了大众化沿岸的开发，但同时也促进了更加可持续的乡村旅游。现在的马略卡岛人正在为厌倦了大众化海滩旅游的高端游客提供运动项目和富有活力的假期，以及精致的农场观光民宿（"agroturismos"）。受此带动，拉斐尔网球学院运作得很成功，它吸引了来自欧洲各地的网球爱好者。

当被问及旅游业对心爱岛屿的影响时，拉斐尔相当务

左图：2016年10月，拉法·纳达尔在马略卡开设了网球学院，邀请罗杰·费德勒为其揭幕

实。"我认为这些对经济是有好处的，对当地民生也有改善。马纳科尔是地球上最好的地方，我想这也是他们愿意来这里的原因"。

同时，巴利阿里地区的自豪感也在复苏。虽然还远没有西班牙本土上加泰罗尼亚独立运动那么强烈，但马略卡人开始庆祝自己独特的文化，试图与西班牙卡斯蒂利亚文化的专横霸道有所区分。

这一点在他们的语言中表现得最为明显。虽然所有的马纳科尔人都能流利地使用卡斯蒂利亚西班牙语交流，但这却不是他们的日常用语。拉斐尔和岛民们说的是加泰罗尼亚方言，叫作马洛基语，这种语言与卡斯蒂利亚西班牙语的区别类似英语与荷兰语的差别。buenos dias 被说成 bon dia；addos 被说成 adéu；muchas gracias 被说成 moltes gracis。要真正理解拉斐尔的大脑运作，就得先意识到马洛基语是他与家人和朋友在一起时的通用语言。马洛基语是拉斐尔闲聊、思索和梦想时的语境。

但是，对于像拉斐尔这样的名人来说，在身为马纳科尔岛人的自豪感和西班牙爱国主义之间确有条微妙的缝隙。为了谨慎起见，他从未淡化自己的西班牙人身份。他从不会错过任何表达热爱马纳科尔的机会，但转而又很快会提醒大家他是西班牙人。（欢迎回马略卡岛的家——阳台拍摄）

西班牙实际上是由多个极度自尊的地区组成的一个脆弱联邦，有很多像马纳科尔岛这样的地区，都拥有自己的语言体系。而拉斐尔的赞助商却大都是西班牙卡斯蒂利亚人，而不是马纳科尔人，赞助商的总部都在西班牙本土。如果过分宣扬他马纳科尔人的身份，将可能造成他与商人们的关系疏远。对他而言，经济上是得不偿失的。

如今，这位网球运动员无疑已成为所在岛屿事实上的使者。2014年12月，在一个特殊的仪式上，他获得了"马略卡宠爱之子"的称谓。事实证明，在曾经获此殊荣的11位岛民中，他是唯一健在者。

有鉴于国际影响力和名气，拉斐尔无疑是古往今来最为著名的马纳科尔人。然而，除他以外，还有谁呢？

他们是诗人米格尔·科斯塔·略贝拉，歌手孔查·布伊卡、胡安·米克尔·奥利佛和玛丽亚·戴尔·玛尔·博尼特，音乐制作人山缪·布里亚，画家米格尔·巴塞罗，电影制片人阿古斯丁·维拉隆加，还有几位运动员，包括足球运动员米格尔·安赫尔·纳达尔（拉斐尔的叔叔）、马尔科·阿森西奥和希斯

右图：2008 年温布尔登夺冠后，拉法·纳达尔回到家乡马略卡，在市政厅向粉丝致以问候

下图：2005 年 7 月，纳达尔在与莱纳·舒特勒的表演赛中发球

马略卡少年　　**27**

科·穆尼奥斯，摩托车手胡安·米尔和豪尔赫·洛伦佐，以及网球运动员卡洛斯·莫亚（拉斐尔的现任教练）。这些人中很少有在西班牙、网球界或世界摩托车锦标赛之外声名远扬的，更没有人能像拉斐尔那样赢得世界性声誉。

虽然纳达尔家族目前仍然拥有马纳科尔的大型公寓楼，但拉斐尔和妻子玛丽亚·弗朗西斯卡（他口中的梅里）大部分时间都住在位于马纳科尔东边，克里斯托渔港的一幢海滨别墅里（估价约430万美元）。在这里，纳达尔家族已经拥有好几栋别墅（之前的统计是三栋，但当你读到这里时，恐怕早已不止了）。与马纳科尔相比，拉斐尔在克里斯托港的家更有安全感，在这里可以经常看到他与朋友们在海滩上踢球嬉戏。幸运的是，大家都不会为了和他合影去骚扰他。就算他有时因为名人身份而受到打搅，也通常只会是远道而来的游客，而非马略卡岛的居民。他还有一艘24米长的游艇，一直停泊在克里斯托港，如果他想要保护隐私的时候，可以靠它逃到大海之上去躲躲清静。

拉斐尔是在2020年买下这艘游艇的。这是艘定制 Sunreef80'power 型豪华双体动力艇，被命名为"大白鲨"（其实是灰色）。在参观戛纳游艇展时，他对这艘游艇产生了兴趣。游艇上配备有前甲板沙龙、海景露台、四个客舱和拉斐尔自己的带折叠阳台的套房。除此之外，还有架空廊架、一个酒吧、烧烤架和存放水上摩托艇的库房。很多时候，拉斐尔和梅里会驾驶游艇在巴利阿里群岛周边航行。"对我来说，这艘船就像我的房子，"拉斐尔说，"但我可以开它出去兜风，同时斩断身边的所有纷扰"。

拉斐尔在加勒比国家多米尼加共和国的旅游城市拉罗马纳还拥有一座豪宅。据报道，这所房产是他对旅游城市拉罗马纳（La Romana）的商业楼盘进行宣传的回馈。

他说自己曾被跑车吓了个半死（见第5章），但跑车却是他生活中不可或缺的角色。偶尔还能在马略卡岛东部的道路上，看到他小心翼翼地开着车。他跟有钱的汽车品牌起亚（KIA）有合作，意味着他时常能有新车开。最近他得到一辆起亚EV6新能源汽车。他拥有或曾经拥有过阿斯顿·马丁DBS，法拉利458 Italia，敞篷的奔驰SL 55 AMG和AMG GT S。

远离网球的轻松日子对拉斐尔的心理恢复很重要。罗伦佐·卡萨尼加是位资深网球记者，他比马纳科尔以外的任何记者或许更了解这位球员。"当他没有比赛或训练时，只会做三件事，"卡萨尼加说。"他会钓鱼、和朋友们在海边

上图：2014年，获誉为"马略卡宠爱之子"的纳达尔，为他的一幅画像作品揭幕

右图：2010年，纳达尔与同为马略卡岛的摩托GP冠军豪尔赫·洛伦佐共同参加颁奖典礼

玩或者去打高尔夫。他是高尔夫爱好者，也是个优秀的球员。我听说，在高尔夫球比赛中输球比输掉网球比赛更令他难过"。

卡萨尼加说，拉斐尔对其他一些网球运动员追求名人生活方式不感兴趣。可能偶尔会和朋友去马纳科尔或克里斯托港酒吧玩到很晚（"我几乎不沾酒，但会去跳跳舞，有时会玩到早上六点，"在自传中他解释道），很少会在VIP活动中出现他的身影。

"他不想让生活有任何改变，"卡萨尼加解释说。"他是个循规蹈矩的人。就喜欢和他的妻子、家人、几个老朋友在一起。他现在仍然会和他儿时的玩伴一起玩。当他结束网球生涯后，他的生活可能会是非常单调的（我不想用无聊这个词）。尽管银行里已经躺着数百万美元存款，他也不会像其他人一样搬去迈阿密、纽约或迪拜。" 即便是休假，拉斐尔和梅里很少会离开巴利阿里群岛。

拉斐尔很重视与童年伙伴之间的关系，这值得一提。虽然功成名就后很多人会自然而然地与曾经的朋友失去联络，但他从来没有。这源于他的执着、谦逊的品质，总是在打完比赛第一时间回到马纳科尔。

"我们都很普通，是重视家庭传统和基本价值观的普通人，"他曾经解释说。"我会去逛超市，去电影院看电影。回到家里，就会开启和从前一样的生活。对我来说，这才是现实的生活，一种正常的生活，而不是比赛的日子。我会跟我儿时的玩伴一起玩，和表兄弟们一起踢足球。在世界各地奔走比赛几个月后，我发现能够回到家里，回到以前的生活的状态，这至关重要。这是我生活的根基。"

他交往密切的朋友包括托梅乌·阿蒂格斯、托梅乌·萨尔瓦、米格尔·安赫尔·穆纳尔和琼·苏亚西。拉斐尔现在和梅里结了婚，承担着婚姻带来的责任，但仍然常常看到他和朋友们一起踢沙滩足球，或邀请朋友们到他的游艇上，或一起去钓鱼，或流连于克里斯托港和马纳科尔的酒吧和夜店。

他最喜欢去的地方之一是家族名下的一间名为Sa Punta的餐厅，餐厅位于克里斯托港以北几英里的沿海城镇卡拉博纳。在那里，主厨安德烈斯·莫雷诺烹调经典的西班牙菜肴，如伊比利亚火腿、西班牙煎蛋和冷汤，以及各种鱼和海鲜料理，如蓝鳍金枪鱼、海鲈、章鱼和龙虾。"绝美海景、一流服务和美味的佳肴，再点上份当日的海鲜渔获，现烤出来……哇，简直完美，"拉斐尔头头是道，完全是一副营销高手模样。

然而，拉斐尔最热衷的还是高尔夫，只要有空就喜欢去到马纳科尔岛的顶级球场。他最喜欢马纳科尔东北几英里外的普拉高尔夫球场。2013年在这个球场上，他与西班牙顶级职业高尔夫球手何塞·玛丽亚·奥拉扎尔（José María Olazábal）联手举办了名为"奥拉扎尔和纳达尔邀请赛"的年度慈善比赛。

在ATP巡回赛期间，拉斐尔的空闲时间极其有限。和大多数职业球员相同，他就像旋风般的存在，以平均每小时一千英里的速度穿梭于机场、酒店和比赛场地间，只有零星的休整和放松时刻。这时候他总喜欢和团队成员一起出去吃饭。在近期的GQ采访中他说："我们总会约着出门吃饭。这样能帮我暂时忘掉比赛中的零零碎碎，暂时分散下注意力。"

音乐是另一种分散注意力的方式。戴上喜爱的苹果Airpods耳机，听听他喜欢的音乐。他说："飞机上，比赛前，我都会听听音乐。任何类型的音乐我都喜欢，歌剧、古典音乐、流行音乐、摇滚乐，只取决于当时的状况和心境。电子合成音乐是唯一不会（听）的。"

　　当比赛一结束，这位恋家的大男孩就会急着飞回他岛上的家。他曾说："我很珍惜作为马略卡人的身份。当我在其他国家比赛时，无论是输是赢，想做的第一件事就是能寻求一种最快的方式回到马纳科尔。"

赢得首座大满贯球员的年纪

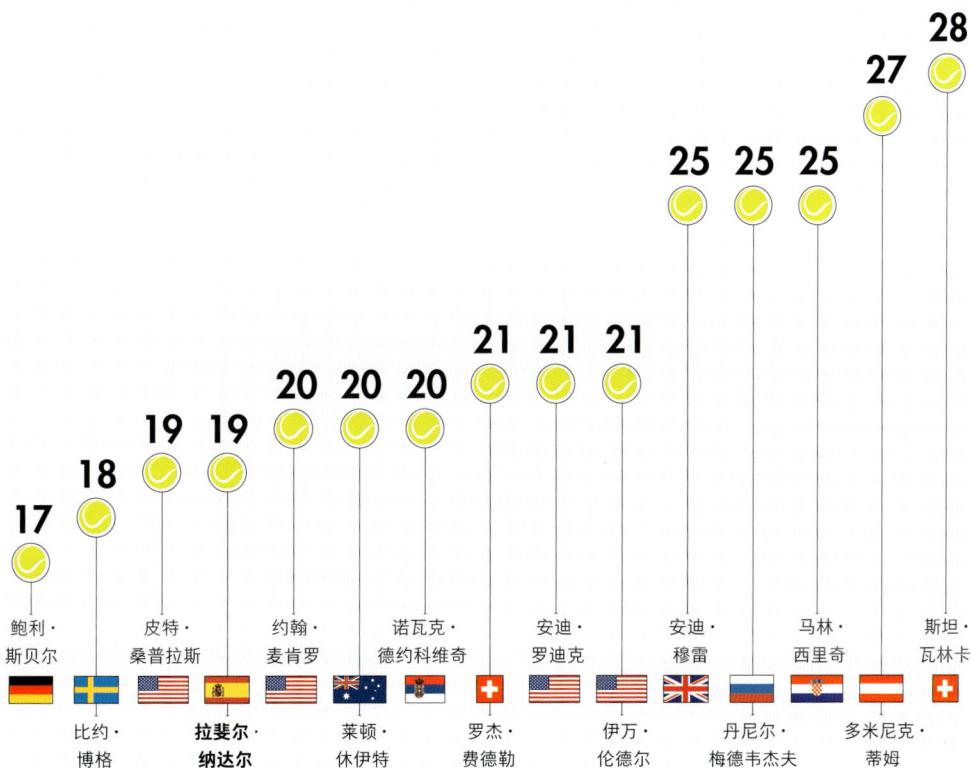

年纪	球员
17	鲍利·斯贝尔
18	比约·博格
19	皮特·桑普拉斯
19	拉斐尔·纳达尔
20	约翰·麦肯罗
20	莱顿·休伊特
20	诺瓦克·德约科维奇
21	罗杰·费德勒
21	安迪·罗迪克
21	伊万·伦德尔
25	安迪·穆雷
25	丹尼尔·梅德韦杰夫
25	马林·西里奇
27	多米尼克·蒂姆
28	斯坦·瓦林卡

左上图: 2011 年, 纳达尔与马略卡的朋友

左下图: 2010 年, 与他未婚妻希斯卡

右页右上图: 2020 年, 参加高尔夫锦标赛

右页左上图: 纳达尔与儿时伙伴托米乌·萨尔瓦

右页下图: 与何塞·玛利亚·奥拉萨巴尔在厨房里

如果不能在比赛后随
时回到自己的岛上，
我想他会发狂。
——安娜·玛丽亚·帕雷拉，纳达尔
的母亲

比赛

波兰索波特IDEA PROKOM公开赛

2004年8月15日

波兰索波特，索波特网球俱乐部

决赛：拉斐尔·纳达尔vs.何塞·阿卡苏索

拉斐尔·纳达尔6：3、6：4何塞·阿卡苏索

2004年，拉斐尔19岁，这是他非常艰难的一年。全球各地往来奔走，到4月中旬时，已经参加了在印度、新西兰、澳大利亚（打进了澳大利亚网球公开赛第三轮，输给了莱顿·休伊特）、捷克斯洛伐克、意大利、迪拜、美国（加利福尼亚、佛罗里达）和葡萄牙进行的赛事。频繁的赛事对他的身体造成了巨大的伤害，以至于红土赛季开始时，他发现自己已处于严重伤病之中，左脚踝应力性骨折。在那个春夏之交，沮丧的他被迫退出了大部分最为钟爱的红土场比赛，包括罗兰·加洛斯。然而，一待骨折康复，他就迫不及待地想回到红土场，急切地想捧回ATP巡回赛上的第一个冠军奖杯。

8月，他前往波兰参加Idea Prokom公开赛，比赛在索波特网球俱乐部红土场举行，这里距离格但斯克北部不远，可以俯瞰波罗的海辽阔的海滩。

作为赛事六号种子选手，在被迫休整了一段时间后，他的状态恢复得很好，在一周的比赛中未失一场。而且，受伤后复出参加这场比赛，也不失为明智之举，因为当时欧洲红土赛季已告结束，业界大多数精英都已经在参加北美硬地巡回赛，没有太多具威胁性的对手来参加这场赛事。事实上，拉斐尔当时排名是71位，而索波特的所有对手的ATP排名都低于他。

在决赛中，他的对手是阿根廷球员何塞·阿卡苏索——也是一位红土场高手。第一盘比赛打得不算精彩，唯一的看点是在局分2：2，比分打成15平时，拉斐尔发球，场上出现了一波长达19拍的回合。这期间，拉斐尔成功地将对手变成自己的牵线木偶，调动对手在底线附近前后左右奔跑。虽然拉斐尔的球都被对手回了过来，但回球明显威胁不大，无法调动起他在场上移动。比分来到5：3时，拉斐尔发球，对手的非受迫性失误让拉斐尔轻松拿下了发球胜盘局。

对于很多人来说，这是第一次有机会看到马纳科尔人在ATP决赛中大放异彩。早在1月份时，他也曾闯入奥克兰锦标赛的决赛，不过最终却输掉了比赛。但那是在地球另一端的新西兰。

第二盘的第一局，阿卡苏索发球，拉斐尔似乎再次掌控了局面，很快就0：40拿到三个破发点。阿根廷人却奋力扳平了比分，但最终还是被拉斐尔破发。

比赛进行到4：2之后，拉斐尔再次破发成功，5：2领先。接下来是他的发球胜赛局。

此刻，虽然他依然能够快速而猛烈地覆盖全场，但发球开始变得紧张，这无疑是对胜利的渴求造成的压力。阿卡索意识到，如果想扭转这场比赛，现在就是必须抓住的机会。他开始采用速度更快的平击球，打出的直线球又快又准，拉斐尔明显感到有些慌乱。阿卡苏索甚至还随球上网，网前截击拉斐尔的回球。在第一次局末平分时，每一次回球都把拉斐尔压制在底线，而且越来越远，直到把西班牙人逼得撞向场地后面的网架弹回来。阿卡苏索回破了拉斐尔的发球胜赛局。难道近在眼前的冠军要砸在马纳科尔人手上吗？

接下来的一局，拉斐尔防守非常积极主动，有些球换作其他人可能都放弃了，但他都尽力奔跑，一一回了过去。打到 30 平时，他一记正手大角度击球，将阿卡苏索调离场地很远，迫使他仓促救球，结果一个非受迫性失误，阿卡苏索没能救球过网。这让拉斐尔拿到了他的第一个赛末点。西班牙人居然激动得一跃而起，挥拳庆祝。现在是不太可能看到他再以这种方式庆祝对手的非受迫性失误了，但这正表现出他对首个 ATP 冠军是多么地渴望。

然而，比赛此刻并未结束。阿卡苏索第一个发球被认为擦网了。阿根廷人在巨大压力下提出异议。他请求改判，走到主裁面前，甚至把手放在主裁膝盖上。但后者只是笑笑，不为所动。

也许这就是阿卡苏索想要的让对手分心的效果，以此分散对手的注意力。果然，阿卡苏索的一记强劲的二发，让拉斐尔接发球失误。接下来的几分打得很辛苦，两人对发球又产生了争议，但阿卡苏索仍然成功保住了发球局，将比分追至 5∶4，拉斐尔仍然领先。

马纳科尔人已经没有耐心拖延下去。他很快结束了最后一局，举起双臂跳了起来，以 6∶3 和 6∶4 赢得了宝贵的首座 ATP 冠军奖杯。

"我今天在场上非常冷静，"他事后说，"年初的目标是希望进入排名前 20 名，养伤花了我三个月，现在的目标是年底前能将排名打进 25 至 40。"

索波特的这场胜利让他打入了世界前 50 名，并在本赛季里保持了排名，因为他在美国网球公开赛和马德里的 ATP 大师赛都进入了第二轮。

左页：2004 年在新西兰比赛

左撇子

在网坛精英中，有相当多的左撇子：约翰·麦肯罗、玛蒂娜·纳芙拉蒂诺娃、吉米·康纳斯、罗德·拉沃尔、戈兰·伊万尼塞维奇、莫妮卡·塞勒斯、托马斯·穆斯特、雅罗斯拉夫·德罗布尼、吉列尔莫·维拉斯、马塞洛·里奥斯，当然还有拉斐尔·纳达尔。

双打比赛中也是，好几对迄今为止最优秀的组合也是左/右手配对：布莱恩兄弟、伍德组合（马克·伍德福德和托德·伍德布里奇）、罗德·拉沃尔和罗伊·爱默生、托尼·罗奇和约翰·纽科姆、约翰·麦肯罗和彼得·弗莱明、玛蒂娜·纳芙拉蒂诺娃和帕姆·施莱弗。

为什么这么多冠军都左手持拍呢？在网球比赛中左手持拍是不是会存在某种优势？事实证明确实具有优势，这一切都归结于简单的事实：就是左手持拍选手比较少见。左手选手习惯于与右手选手比赛（因为大多数球员是右手持拍），而右手选手则不太能习惯与左手选手比赛（因为左手球员较少）。在拉斐尔的整个职业生涯中，左手持拍的特殊性让他（以及他的左撇子同僚们）受益匪浅。

克里斯·麦克马纳斯是伦敦大学学院的教育心理学教授，也是《右手，左手》的作者。他解释说："左撇子选手比右手持拍选手更了解对手的弱点，这会使他们更具竞争优势。"

2009年，德国明斯特大学运动科学家诺伯特·哈格曼对网球运动员进行了一项有趣的测试，测量他们对对手击球方式的预判。他召集了左、右手持拍的选手各54名做测试对象，他们的技能水平参差不齐，其范围涵盖完全的新手到专业选手。哈格曼要求他们观看右手和左手专业球员的视频片段，然后预判回球会朝哪个方向时，受试者们发现，预判左撇子球员的击球方向，比预判右撇子球员的击球方向更难。无论左撇子和右撇子测试对象，对右撇子球员的击球方向预判都要更准确。

左图：纳达尔在网球比赛中用左手，踢足球用左脚，但写字、刷牙、抓球和打高尔夫球却都用右手

　　哈格曼提出了在学术界被称为战略优势假说的理论。他写道："由于球员习惯了右撇子对手的击球模式或打法，一旦对手换成左撇子，他们会感到措手不及。"除了对左撇子击球方式的不适应之外，针对这种击球的运动反应训练也不够充分。因为遇到左撇子对手的概率并不会太高，条件反射式的防守反应不容易建立起来，因此回球效果就可能打折扣。

　　在其他的运动中，只要运动员是面向对手，从身体的一侧发起攻击，也会遇到类似情况。例如所有持拍运动，以及板球、拳击、击剑、棒球、垒球、排球运动中左撇子选手比较少见，因此会更难以对付。

　　但网球中其实还有个因素对左撇子球员更为友好，那就是球场的几何形状。网球比赛中的大多数的关键分——赛点或破发点，都发生在发球方球场的有利一侧（面对球场时的右侧）。如果左撇子发球，而接球者是右撇子，那么左撇子球员可以将球发到右撇子的反手外角，而反手位对于大多数球员而言一般又是偏弱侧。这意味着在关键分时，左撇子球员能够利用最强的正手武器对付对手较弱的反手回击（看看拉斐尔是如何用这招持续攻击费德勒反手，以达到致命效果的）。

相反，如果是右撇子球员发球，左撇子球员接球，在同样占先发球时，右撇子球员就占不到任何便宜。因为外角发球最终会落到对手左手正拍上，而大多数球员的正手都强过反手（因而轮到费德勒发球时，他不能如法炮制同样的攻击）。

曾世界排名第四的英国球员格雷格·鲁塞德斯基在接受BBC采访时，很好地总结了这一点。他说："左手持拍选手在击球的那一刻对球产生的摩擦旋转是不同的，特别是从球场的左区的发球，这种旋转是很致命的。"他解释道："球经过球拍摩擦产生旋转，旋转又使得球转向、弹跳到更远的外角，打到右撇子选手的反手位。就算对手足够强，还能把球回过来，但必然留下了很大的球场空档，完全可以抓住机会拿下这一分。"

可能还有种额外未知因素，有益于左撇子网球球员。这可能与他们大脑的思维模式与常人的不同有关。美国前选手玛丽·卡里略，她自己也是左撇子，在接受《体育画报》杂志采访时非常精辟地总结到了这一点。"主要是因为我们属于异类，"她说，"看看网球界里所有的左撇子，你会发现他们都是些怪人：康纳斯、麦肯罗、戈兰·伊万尼塞维奇、吉列尔莫·维拉斯"。

她还将纳达尔也归入到这群异类选手之列。"那家伙有套完全不同的旋转模式，战术、打法都不相同，对如何构建起得分优势、增强多拍相持能力都有着不同的看，"她补充道。"他的思维方式完全颠覆了传统。"

不过，事实证明拉斐尔的左手比其他人的左手要复杂一些。当刚开始学打球时，他才四岁，都看不到网对面的球场，他得用双手握住球拍，才有足够的力量将球打过网。有一天，托尼叔叔告诉他，很少有职业球员是正反都使用双手的，他需要改用单手握拍。拉斐尔照他说的做了，并且选择了左手作为持拍手。

"我只建议他用最强的那只手，"托尼曾经解释说。然后他就自然地选择了左手。

在接受耐克公司的采访时，托尼更深入地探究了这个问题。"说来奇怪，他只有在打网球的时候用左手。他就是一个右撇子，如果要用手接球，他会用右手。如果要他扔球，他也会用右手。小的时候，他总是用两只手打球，因为那

公开赛时代左撇子选手四大满贯赛事中的成绩

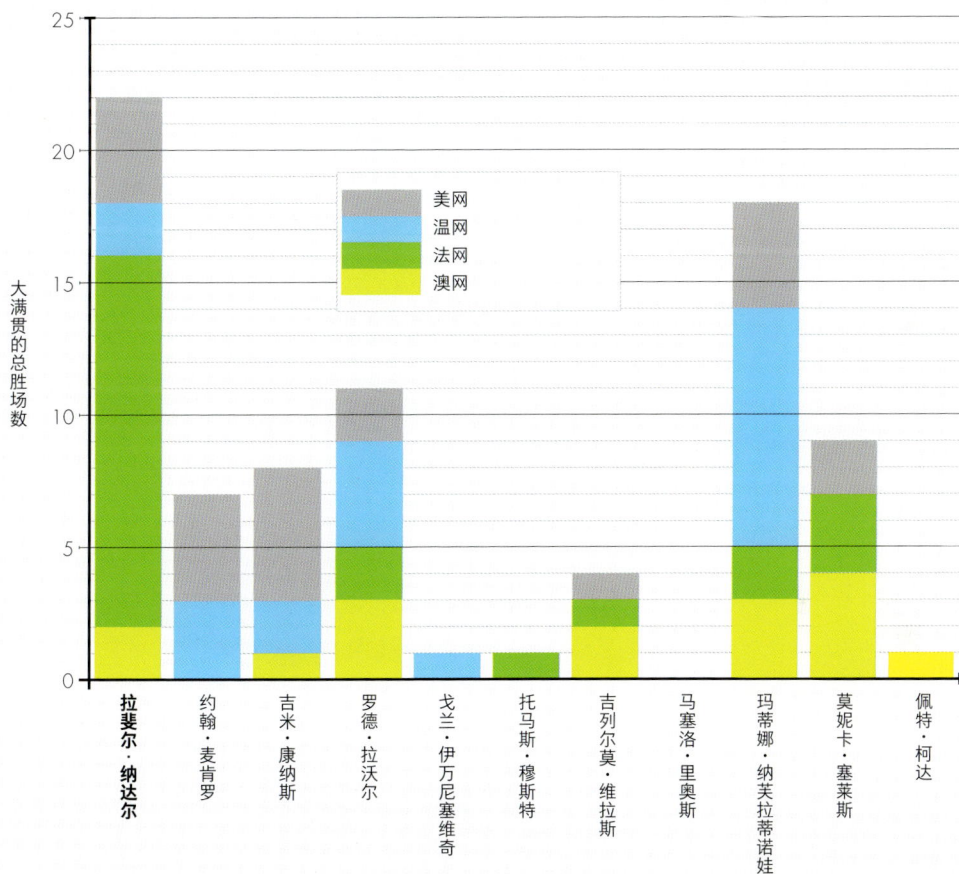

纵轴：大满贯的总胜场数

图例：
- 美网（灰）
- 温网（蓝）
- 法网（绿）
- 澳网（黄）

横轴选手：拉斐尔·纳达尔、约翰·麦肯罗、吉米·康纳斯、罗德·拉沃尔、戈兰·伊万尼塞维奇、托马斯·穆斯特、吉列尔莫·维拉斯、马塞洛·里奥斯、玛蒂娜·纳芙拉蒂诺娃、莫妮卡·塞莱斯、佩特·柯达

左撇子记录：
- 托马斯·穆斯特赢得了法国网球公开赛的红土冠军，但未能超越温布尔登网球公开赛第一轮
- 智利网球运动员马塞洛·里奥斯在1988年是ATP世界排名第一的选手，但从未赢得过大满贯赛事
- 现代最成功的两位女性左撇子是玛蒂娜·纳芙拉蒂诺娃和莫妮卡·塞莱斯，她们分别获得了18个和9个大满贯冠军

左图：2006 年在罗兰·加洛斯的发球

左撇子　　**47**

时没有力量。我认为用单手打球比用两只手好得多，因为在职业赛场上几乎就没有总用两只手握拍的球员。最后，我们决定了用左手打球。第一次用左手打比赛时感觉相当困难。但是，嘿嘿！这也是他必须迈出的一步。"

事实上，拉斐尔是双手并用的（离开球场签名时用右手）。他用右手写字、刷牙、接球、打高尔夫、打篮球和扔飞镖。但踢足球时他用的是左脚。

他的双撇子还有更复杂的问题——那就是他的惯用手和惯用眼间的关系。阿根廷记者塞巴斯蒂安·费斯特在一本名为《罗杰·费德勒和拉斐尔·纳达尔：两位网球传奇人物的生活和职业生涯》的书中有很好的解释。费斯特与该领域的专家保罗·多罗琴科讨论了拉斐尔的双撇子问题，他解释了有些球员的惯用眼和惯用手在身体同一侧（在这种情况下，它们被归类为同质性），而另一些球员的惯用眼和惯用手则在身体的两侧（被归类为交叉性）。多罗琴科认为，拉斐尔是交叉型的，因为他的惯用手在左边，而他的惯用眼则在右边。

"交叉型人往往自律性差，情绪不稳定，爱出风头，但也更具创造力、直觉更准，还更善于做决定，"多罗琴科告诉费斯特，声称世界排名前100的球员中有70%是交叉型。"另外，同质性的球员更努力，更有条理性，善于分析，善于思考，但当要他们做决策时，压力会产生负面影响。"

虽然很难接受拉斐尔缺乏自律、情绪不稳定的说法，但可以说，他激进的比赛风格，可能就源于某种自我表现主义。当然他绝对具有创造力、有敏锐的直觉，也善于做决定。

从双手转为左手无疑是拉斐尔的偶然之举。如今，这一偶然带给了他多少优势，只要看看右撇子球员在他占先发球时是如何狼狈接发球的就知道了。带有大量侧旋的发球，球的旋转幅度非常大，迫使对手要站到离底线很远的地方接发球。即使勉强能把球接过去，对手也会发现自己早已经不在下一球的回球位置上了。

所有这些都引出了一个明显的问题。"如果拉斐尔使用右手，他还能有现在这么强大吗?"托尼在接受《网球》杂志采访时，曾想了想说。"这就不知道了，而且永远也不会知道。"

右图：纳达尔打网球时用左手，但写字时却使用右手

比赛

戴维斯杯决赛
2004年12月3日
西班牙塞维利亚奥林匹克体育场
第2场：拉斐尔·纳达尔vs.安迪·罗迪克
拉斐尔·纳达尔6：7、6：2、7：6、6：2安迪·罗迪克

每个网球运动员的职业生涯中都会有一场里程碑似的比赛，象征着从青涩蜕变为成熟。对拉斐尔来说，就是2004年戴维斯杯决赛时，在西班牙和美国之间的第二场比赛中战胜安迪·罗迪克。

戴维斯杯决赛是国际男子团体网球的重要赛事，相当于足球的世界杯。但与世界杯不同，戴维斯杯是每年举行。

如今，作为一项最高级别的赛事，每年的戴维斯杯决赛共有18支球队参加，在三个地方进行循环比赛（通常在11月底或12月初），然后是四分之一决赛、半决赛和决赛。赛制类似足球世界杯赛。

但在前几年，比赛形式发生了变化：16支球队将在整个赛季进行淘汰赛（五场比赛中取得最好成绩），最终由最强的两支球队进行决赛，通常12月进行。决赛的五场比赛将持续一整个周末，包括四场单打和一场双打。

2004年，胜出的两支队伍分别是美国和西班牙，由西班牙选择决赛地点。西班牙人知道这是一年中最受欢迎的体育赛事之一，同时也清楚红土场地会给他们带来优势，所以他们选择在南部城市塞维利亚奥林匹克体育场（Estadio Olimpico，当地人称为La Cartuja）举行决赛。球场可容纳60000名观众，通常是用于举办足球比赛，特别是西班牙国家队的比赛，在草坪周围还设有田径跑道。由于场地太大，如果把网球比赛场地规划在中间，观众会看不见，因而组织方决定将红土赛场设置在体育场的一端，再搭建个临时屋顶。即便只用到了体育场的一半，也能容纳27200名观众。很多人在雨中露营排队，为能在比赛前几天购到决赛的入场券：这证明了西班牙人是多么期盼能到现场为国家队现场加油。

但没有人预料到会是去为这个团队里资历最浅的那位——18岁的拉斐尔加油。原本是被安排打双打，与汤米·罗布雷多组合，去充当炮灰，对阵布莱恩兄弟——当时地球上最强大的双打组合。但是，奇怪的是，在最后一分钟，队长霍尔迪·阿雷塞选择让拉斐尔出赛第二场单打，对阵美国队的"重型武器"：世界排名第二，前美国网球公开赛冠军安迪·罗迪克。

对于这个安排，没有人比拉斐尔更为震惊了。他自己觉得是"团队里的小跟班"，更像是个来为队友加油的角儿，而不像个正儿八经打比赛的。他还记得当时一想到即将能代表西班牙参赛时那股难以抑制的兴奋劲儿。毕竟这可是戴维斯杯决赛，是整个网球活动中最重要的一项团体赛事。

但是有一个问题。在卡洛斯·莫亚赢得第一场单打比赛后，正常逻辑上讲，应该安排比拉斐尔更有经验的队友，胡安·卡洛斯·费雷罗或汤米·罗布雷多来打第二场单打比赛。拉斐尔是当时四个队员中排名垫底的，并且因为左脚应力性骨折还错过了两个多月的赛季。他还记得当时感觉自己瞬间成了《圣经》中的小牧童大卫，将迎战巨人罗迪克。在几位年长且经验更为丰富的队友面前被作为更优选择时，他表露出内疚、不自然和歉疚也就实属正常了。

尽管如此，怀揣对比赛的渴望和不能让队友失望的决心，他以一种初生牛犊不怕虎的坚韧气概迎接了这项艰巨的比赛。

12月初的那个星期五寒凉多雨，而对于这个城市的人来说，他们习惯于在温暖的春天或炙热的夏天观看红土网球赛，因此观众中的许多人是穿着套头衫、裹着大衣进的场地。球场上寒气逼人，冷得场上球员在每分之间喘息出来的气息都能被看得一清二楚。

然而，因为红土球场球速较硬地要慢，很快双方都为可能被拉长战线的比赛做好了赛前热身准备。

进入到第一盘的决胜阶段，拉斐尔以5∶2领先。然而拉斐尔突然开始紧张。罗迪克趁势反攻，扳回了劣势并顺利拿下这一盘。

此刻，主场优势渐渐显露出来。在同胞们的不断助威欢呼的支持下，拉斐尔在第二盘中势如破竹，以6∶2拿下这一盘。尽管美国人还曾拼命试图通过一次又一次的上网打乱对手的节奏，但事实证明这并不是个明智的选择。冬季潮湿的天气，使得红土场上的球速变得更慢，即便是在面对罗迪克这样强大对手的网前轰击，拉斐尔也赢得了足够的时间去化解。

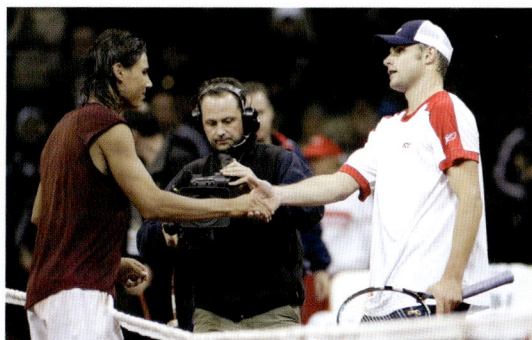

左页：2004 年在塞维利亚举行的戴维斯杯总决赛中，对阵安迪·罗迪克

下图和右图：击败世界排名第 2 的安迪·罗迪克，让所有人都感惊讶

底图：与卡洛斯·莫亚一起庆祝胜利

比赛的转折是在第三盘，双方球员都保住了盘末点。罗迪克在自己的发球局5:6时扳回了两分，而拉斐尔则在平分时挽救了一个盘末点，他放了个刁钻的过网即坠小球，罗迪克飞奔到网前救球，但最终挂网未过。之后的两分对西班牙人有利，也让他赢了这一局。

由于戴维斯杯是网球界的世界杯，因此那天塞维利亚现场的热闹氛围堪比世界杯。现场超过27,000名熙熙攘攘的观众，拉斐尔每赢一分，罗迪克每丢一分（甚至是非受迫性失误）都会惹得他们高声欢呼。观看这场比赛的人数也创下了当时的纪录（1973年，当比利·金在"性别大战"中击败博比·里格斯时，休斯敦天体体育馆的观众还要多3000人，但那仅是场表演赛）。后来，拉斐尔说他试着尽最大努力从这种无理偏袒的支持者欢呼声中去汲取能量。每赢下一分，他都挥拳相庆，还刻意对着对手挥。在关键分赢球后，他更是会不停地挥舞拳头，还要腾空来个剪刀踢，兴奋地嚎叫。后来，当比赛结束，拉斐尔就后悔不该跳那么多，以至于腿都快抽筋了。不难看出，他是很享受获胜时刻的，也很享受荣耀带来的成年仪式。

下图：拉法和卡洛斯·莫亚

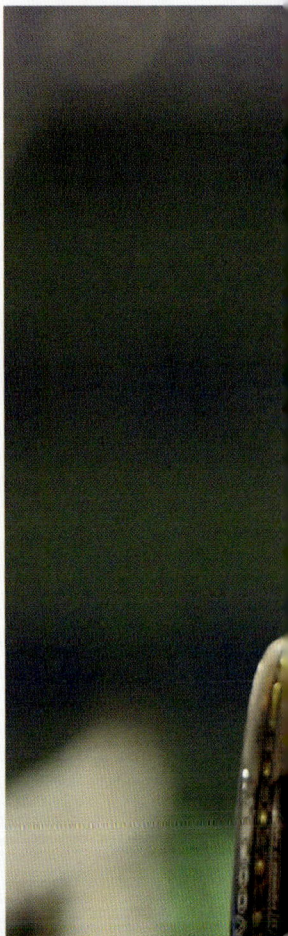

比赛来到第四盘，罗迪克在强大的对手和嘈杂的观众双重攻击下变得萎靡。5:2时，拉斐尔拿到了赛点。他将球发向罗迪克的反手位，球既不快，也不刁钻，然而，仅四拍来回后，罗迪克一紧张，以一记反手出界宣告了比赛结束。

拉斐尔直接向后一倒，躺在红土地上，整个人摆成个"大"字，头巾也扯下扔向一旁。球场里的观众爆发出震耳欲聋的欢呼声。纳达尔后来回忆说："我耳朵里嗡嗡作响，感觉就像有架巨型喷气式飞机从头顶低空掠过一样。""我觉得50%的胜利得归功于现场观众"。

这场比赛拉斐尔用时3小时45分，这是他短暂的职业生涯中最长的一场比赛。"在我生命中的每个时期，都可能会有关键性的比赛，"他说，"这场比赛，无疑是我生命中的一场关键性比赛。"西班牙队最终以3:2赢得了当年的戴维斯杯。

那天在现场有一位记者，是《纽约时报》的克里斯托弗·克莱瑞。他将拉斐尔的表现描绘为"超凡脱俗"。他写道："在这项运动的漫长历史中，很少能看到谁能从这么多不可思议的角度，打出如此精妙的回球。"他又写道："尽管罗迪克的球也打得很好，很是大胆，在这么慢的场地打出了超出预想的谨慎，还完成了不少漂亮的网前截击，但最终还是败在了纳达尔超强的体能、穿越球和拥有无穷活力的技术之下。"

> 在我看来，戴维斯杯战胜安迪·罗迪克，是纳达尔成为冠军的时刻，是书写属于他的传奇的开端，也是公众初识他的时刻。
>
> ——卡洛斯·莫亚

左撇子　　**55**

4

红土
网球

"红土球场教会你忍受痛苦,"传奇西班牙教练何塞·希格拉斯如是说。

在他的职业生涯中,曾经指导过吉姆·库里尔、罗杰·费德勒、皮特·桑普拉斯、塞尔吉·布鲁格拉和卡洛斯·莫亚,指导他们如何在红土场上出色发挥。他并没有夸大其词。由于红土球场球速相对较慢,每一分回合会更多、角度会被打得更开,对体能的要求也更高,这些都是对球员的极限考验。

红土球赛是一项极具观赏性的运动。特别是如果你喜欢两个极其健硕的运动员,在底线耐心地往来击球,还迸发出奋力拼搏的吼叫,球员的冲刺、滑步、在场地上腾起的阵阵红尘,抓住机会后给对手以致命一击。在这方面,少有球员能比拉斐尔·纳达尔表现得更趋完美。

在ATP巡回赛中,红土场比赛的第一阶段在2月和3月,在南美的夏季举行,目前的比赛地点有巴西、阿根廷和智利。紧接着是欧洲赛场,每当这时欧洲大陆一些繁华城市的酒店洗衣机都会超速运转,为的是冲洗掉球员装备上的红土。目前在马贝拉、卡利亚里、蒙特卡洛、巴塞罗那、贝尔格莱德(两次)、慕尼黑、埃斯托里尔、马德里、罗马、日内瓦、里昂、帕尔马和巴黎都有赛事,而巴黎罗兰·加洛斯也是红土大满贯赛事的比赛地点。(还有在摩洛哥的马拉喀什和得克萨斯州休斯敦举行的比赛,以及罗兰·加洛斯之后,在汉堡、巴斯塔德、乌马格、格施塔德和基茨比厄尔举行的5场欧洲公开赛。)

赛事主办俱乐部和城市的选择,一般会根据当时世界顶级球员的排名和国籍发生变化,这也解释了2021年在贝尔格莱德为什么举行了两场比赛(塞尔维亚公开赛和贝

左图:蒙特卡洛乡村俱乐部,拉法在那里创纪录地11次夺冠

尔格莱德公开赛），就是得益于塞尔维亚著名的本土选手诺瓦克·德约科维奇的名气。因而有四项红土赛事是最引人注目、最为热门的，所有的球员都试图通过参加这些赛事脱颖而出。

　　首先是 4 月在摩纳哥举行的蒙特卡洛大师赛（严格来说，其实就在法国小镇罗克布伦·马丁角的边境上）。尽管在之前一周已经有一些小型比赛，蒙特卡洛大师赛通常也被认为是赛季的揭幕战。蒙特卡洛乡村俱乐部位于陡峭的山崖上，可以远眺波光粼粼的地中海，它为这项精彩的赛事布局了一幅绝美的背景墙。如果看球累了，你还可以转移注意力，欣赏身着著名设计师名牌服装的

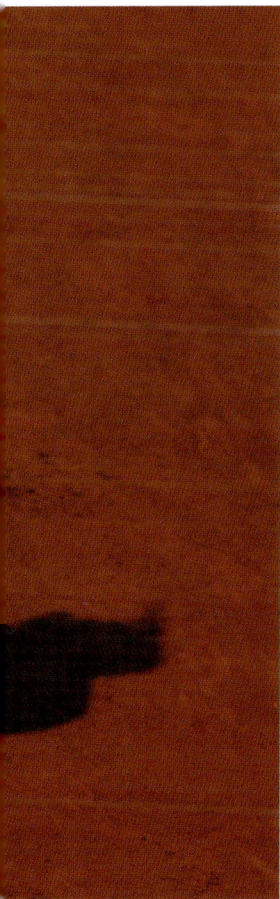

当地富人，转头看看停泊在港口的游艇。摩纳哥被描述为"富人和超级富人的出没地"。拉斐尔在那里共赢得了 11 次冠军，比其他任何球员都要多。

接下来是马德里公开赛和罗马大师赛，都是 5 月份举行。马德里公开赛在位于圣费尔明名为曼萨纳雷斯的公园内，连片的运动场（魔术盒球场 La Caja Magica）举行。拉斐尔已经在这里取得了 5 次胜利，同样比其他任何球员都多。

罗马大师赛的赛事地点——意大利广场（Foro Italico）是整个欧洲大陆最具特色的赛场了。它是墨索里尼时期的建筑，圆形剧场式观赛座、气势磅礴的古典雕像，让人不禁回想起古罗马角斗场，使比赛也充斥着浓郁的角斗氛围。拉斐尔在这里创纪录地赢了 10 次，又一次比历史上任何其他球员都多。

但实际上，蒙特卡洛、马德里和罗马都只是主赛事的预热赛而已。5 月底，顶级选手们齐聚巴黎，参加红土赛季的终极比赛——法国网球公开赛。就规模和影响而言，法国网球公开赛是最不容错过的。最新翻修过的，位于法国首都西部第 16 区的罗兰·加洛斯球场，占地 12.5 公顷，有三片主赛场地——菲利普·夏蒂尔球场（可容纳 15000 人）、苏珊娜·朗格伦球场（可容纳 10000 人）和西蒙娜·马修球场（可容纳 5000 人），另外还有 15 个室外球场。

罗兰·加洛斯球场是以第一次世界大战中一位著名飞行员的名字命名的，当年他的朋友始建了球场的雏形，前些年球场进行了大规模的现代化升级改造。最新的改建工程将会在 2024 年奥运会前完工，届时将会在苏珊娜·朗格伦球场上加建可伸缩的屋顶。

罗兰·加洛斯球场的建设工程浩大，不亚于一项大型公路建设工程。砾石、熟料和碎白石灰石一层一层铺装，表面再覆盖几毫米厚的特质砖灰，球场呈一种特有的赭石红色。

"在网球运动所有的场地类型中，红土场比赛是对体能要求最高，对技术要求最为精妙的，"罗兰·加洛斯官方网页自豪地宣称。"毋庸置疑，这也解释了为什么罗兰·加洛斯球场在红土之王拉斐尔·纳达尔的到来之前，没有球员能长期称霸于这项最艰难的赛事。"

而拉斐尔称王之旅足够长。他创纪录地 13 次捧起男单冠军奖杯——火枪手杯（Coupe des Mousquetaires），从 2005 年开始，最近一次是 2020 年。其他人都只能望其项背，甚至可能空前绝后。最接近这项纪录的，是曾 8 次问鼎的，一位名叫马克斯·德屈吉的法国人，但这一战绩是在第一次世界大战之前获得的，这项赛事当时被称为法国锦标赛，只允许法国网球俱乐部成员参赛。除了德屈吉，另一个伟大的冠军获得者是瑞典的比约·博格，他在20世纪的70年代和80年代初曾获得过6次单打冠军。

朱利安·皮切内和克里斯托弗·梭罗著有一本涉及罗兰·加洛斯的百科全书，名为《罗兰·加洛斯文化图鉴辞典》。在书中他们对拉斐尔的红土场统治地位有如下评价："这是位勤奋努力，追求完美，还永不满足的球员，是一位极尽绝美的全能冠军。在他身上会发现从前罗兰·加洛斯冠军所有的杰出品质：比约·博格的稳定，伊万·伦德尔的精准，马茨·维兰德的耐心，吉列尔莫·维拉斯的超强左手，塞尔吉·布鲁格拉的旋转，以及吉姆·库里尔的强悍。更为重要的是，他的每条腿似乎都是托马斯·穆斯特的集合体。"

尽管有夸大其词的感觉，但赞美也并非言过其实。只需看看拉斐尔的罗兰·加洛斯比赛纪录就知道了。他参加了108场比赛，输掉了其中的三场。这本身就是个意义超凡的成就。

法国网球公开赛或许还算不上四大满贯中的顶级赛事（这应属于温布尔登），也不是最为刺激的（从观感带动肾上腺素陡增而言，在纽约举办的闹闹嚷嚷的美国公开赛稳操胜券）。但罗兰·加洛斯却具有其他三项网球赛事不具备的风格和魅力。因为，这是巴黎！

当顶尖选手们抵达法国首都时，春天的空气也会散发出独特的高卢风情。肆虐全球的疫情不可避免地影响了这场网球盛事，但正常年份中，罗兰·加洛斯的俱乐部场馆就像是浓缩和封装了巴黎缩影。巨大的方形的罗兰·加洛斯，成荫的绿树长廊环绕整个建筑群延伸开来，连通着球场和极具观赏性的花园。美食之都法兰西的场馆所提供的食物也远胜于其他大满贯赛事，更别提葡萄酒了。现场观众的穿着也貌似更为时尚优雅。

不过，一旦开始比赛，在红土场上一切优雅瞬间荡然无存。红土球场对球员的身体素质和体力要求是最高的。之所以如此是因为红土球场经常会有更长的多拍回合，基本上看不到那种短兵相接式的凶猛厮杀。红土上15个来回对抽才能赢下一分的情况比比皆是（有时甚至更长）。持续对抗期间，双方选手都必须谨慎地移动，直到找出一个足以打出制胜分的位置。"在红土上打球就像下棋，"这是何塞·希格拉斯的另类解读。"你有更多的时间去发挥想象力，也有更多的空间去选择打出什么球"。

红土球场最上面一层是被研磨成细小的红砖粉末，球落地时粉末会给球造成很强的摩擦力，比草地或硬地球场的摩擦力更强，使球的速度略微减慢。由于红土比硬地球场软，球的一部分能量被球场所吸收。根据一项调查，网球在红土上触地后仅保留59%的速度，而在丙烯酸硬地球场为60%，草地上为70%。如果红土水分含量较高（在欧洲靠北边的城市经常出现这种情况），球速会更慢。额外的摩擦力还意味着用强烈上旋打出的球，再经球场反弹会跳得很高，甚至通常会越过对手的头顶。拉斐尔的底线上旋击球就有效地利用了这一点。

红土高手会利用专门的技巧和战术。一个重要考虑因素是球飞行的轨迹。为了利用红土给球带来的超强旋转，选手们通常会大力猛拉上旋。他们使用西方式握拍，在给球增加转速的同时确保球的飞行速度。削球也是一项有效技术，特别是反手削球，能使球贴紧地面，不给对手留回击的机会。

红土步法是一门艺术，堪称红土场上的芭蕾。地中海地区和南美球员往往

下图：2019年，拉斐尔·纳达尔在罗兰·加洛斯的菲利普·夏蒂尔球场上与罗杰·费德勒对决

在所有选手中他击球最重，弹跳角度也是极为刁钻到难以应付。其正手简直不可思议。

——安迪·穆雷

会花费数年工夫以完善他们在球场上的滑步。滑步分两种。一种是在球员击球前，通过滑步进入击球位置，平衡好身体，然后击球。第二种是在球员击球后，因为对方回球快，而不得不选择运动中击球，击球后依靠继续滑行，达到减速、改变方向的目的，以便迅速抵达防守位置。

底线以外的移动战术也至关重要。在硬地和草地球场，只要可能，球员通常喜欢贴着底线站位持续对抽。而在红土场，球触地后的超高弹跳，迫使球员不得不站位靠前，以更小的挥拍动作抽击刚弹起的球，要不就只能再多后撤几步去接跳得很高的球。

和其他球场比，红土场比赛中更容易欣赏到放小球技术。这不完全归咎于球弹跳得更低，更多可能是因为对手一般选择站位到离底线更远的位置防守，一旦遇到放小球，他们势必要移动更远的距离才能来到网前救球。

体能方面？红土场比赛用时比草地或硬地场地的比赛要长得多，甚至超过 3 个小时。这对腿部的伤害是极其残酷的，只要看看场地上抽筋球员的人数就足以证明。

红土选手所用装备也略有差异。最重要的是拍线。一些职业球员在红土比赛时会使用更粗的拍线，以确保球

左图：拉法完善了在红土上滑步的艺术

纳达尔红土场胜负记录

拉斐尔·纳达尔在各种场地大满贯决赛中的胜负记录比例为73.3%，赢了22场，输了8场。以下是他在顶尖的红土比赛中的战绩：

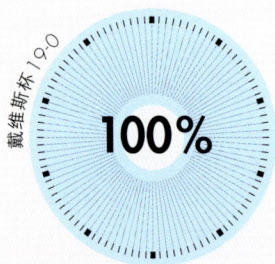

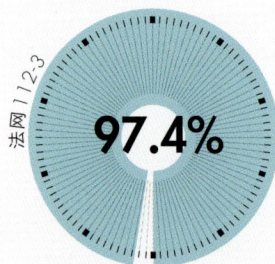

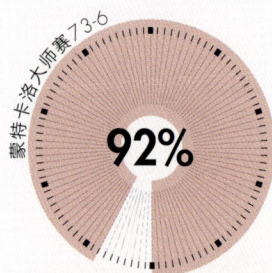

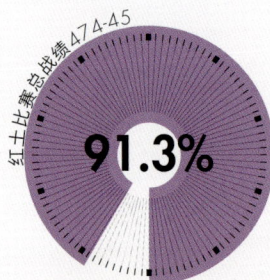

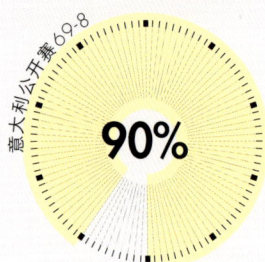

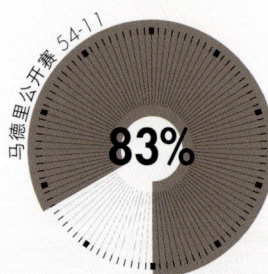

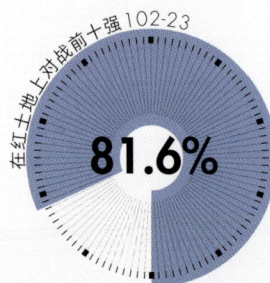

戴维斯杯 19-0
100%

法网 112-3
97.4%

蒙特卡洛大师赛 73-6
92%

红土比赛总战绩 474-45
91.3%

意大利公开赛 69-8
90%

大师系列赛／大师巡回赛 196-25
88.7%

马德里公开赛 54-11
83%

在红土地上对战前十强 102-23
81.6%

红土场交手记录

纳达尔在红土场与至少击败过他 1 次的选手的战绩记录:

选手	国籍
大卫·费雷尔	🇪🇸
诺瓦克·德约科维奇	🇷🇸
罗杰·费德勒	🇨🇭
尼古拉斯·阿尔玛格罗	🇪🇸
费尔南多·福达斯柯	🇪🇸
斯坦·瓦林卡	🇨🇭
多米尼克·蒂姆	🇦🇹
安迪·穆雷	🇬🇧
法比奥·弗格尼尼	🇮🇹
胡安·卡洛斯·费雷尔	🇪🇸
迭戈·施瓦茨曼	🇦🇷
费尔南多·冈萨雷斯	🇨🇱
卡洛斯·莫亚	🇪🇸
罗宾·索德林	🇸🇪
亚历山大·兹维列夫	🇩🇪
吉列莫尔·科里亚	🇦🇷
斯特凡诺斯·西西帕斯	🇬🇷
加斯顿·高迪欧	🇦🇷
巴勃罗·奎瓦斯	🇺🇾
丹尼斯·沙波瓦洛夫	🇨🇦
奥拉西奥·泽巴罗斯	🇦🇷
卡洛斯·阿尔卡拉斯	🇪🇸
伊戈尔·安德烈耶夫	🇷🇺
尼古拉斯·拉潘蒂	🇪🇨
奥利佛·罗洛奇斯	🇧🇪
艾里克·柯瑞加	🇪🇸
奥利维耶·穆蒂斯	🇫🇷
安德烈·卢布列夫	🇷🇺

1　2　3　4　5　6　7　8　9　10　11　12　13　14　15　16　17　18　19　20　21　22　23　24　25　26　27　28

在球拍上滞留的时间更长，能给球以更多的上旋摩擦力。通过选择强度高、直径粗的拍线，确保球既能入界，还能获得更多旋转和力量。有些球员还通过调低拍线磅数，去追求球的上旋。

球的旋转越多，拍线在线床内位移得也会越多，红土粉末颗粒会卡在拍线间，造成磨损，这肯定会造成更多拍线断裂。职业网球赛中，球员一场比赛中断掉五六根拍线是再正常不过的事。

在红土场，球员会穿特定的球鞋，一般鞋底是人字形沟纹。这款鞋子抓地力强，方便滑步，关键是鞋底不会被嵌入过多红土。但总会有残留的红土黏在鞋上，球员通常会用球拍敲击鞋底，将嵌进鞋底的泥土拍落下来。

千万别指望球员赛后离开球场时衣服上不残留点泥土。一个翻滚动作，足可以使他们满身红泥。

脏兮兮的球服，脏兮兮的鞋，漫长而艰难的比赛，疲惫又抽筋的腿脚。红

上图和右页图：红土场专用球鞋，鞋底设计成抓地力强，且不会造成泥土黏塞

P70-71图：2019年法国网球公开赛上的比赛照片。

土场无疑是让球员们最为痛苦的场地。只有那些像拉斐尔一样能够忍受痛苦的球员，才将成为最后的胜者。正如拉斐尔曾经感叹的那样，"在职业生涯里，我学会了享受痛苦"。

比赛

蒙特卡洛大师赛
2005 年 4 月 17 日
法国，罗克布吕讷-卡普马丹，蒙特卡洛乡村俱乐部
决赛：拉斐尔·纳达尔 vs. 吉列尔莫·科里亚
拉斐尔·纳达尔 6：3、6：1、0：6、7：5 吉列尔莫·科里亚

66 拉斐尔代表了新生代，一种新的浪潮。"2005 年在蒙特卡洛大师赛上，当赛事总监发现 18 岁的马纳科尔人在蒙特卡洛乡村俱乐部进入决赛时，发出这句理性的感叹。

拉斐尔一路闯入决赛的经历给所有人留下了深刻印象。前四轮比赛中，他分别对阵了盖尔·孟菲尔斯、泽维尔·马利斯、奥利维尔·罗丘斯和加斯顿·高迪奥，均未失一盘。四分之一决赛中，对阵世界排名第 6、法国网球公开赛卫冕冠军高迪奥，更以 6：3、6：0 强势完胜。面对决赛对手吉列尔莫·科里亚，他又能创造怎样的奇迹呢？

成就斐然的阿根廷人吉列尔莫·科里亚绰号是 El Mago，即魔术师。他在前一年还曾打进法网决赛，并曾排名世界第三。但自 2001 年因诺龙检测呈阳性被禁赛后（他将违规行为归咎于受类固醇污染的维生素补充剂），这位红土选手在关键时刻就变得容易紧张。

拉斐尔前两盘势如破竹，一路横扫，不断给对手施加压力。《卫报》记者史蒂芬·比尔利写道："一旦进入血刃状态，纳达尔就变得让人恐惧。即使离胜利还将有番苦战，但他强大的速度优势和凶猛的正手已经变得勇猛无敌。"

纳达尔很快以 6：3、6：1 拿下前两盘比赛。但接下来，莫名其妙地，他的专注力下降，比赛的势头也瞬间转向。短短的半小时，就以 0：6 输掉了第三盘。

科里亚肯定还以为有机会逆转局面。然而，拉斐尔证明自己坚不可摧。他迅速重整旗鼓，很快就重掌了第四盘的主动权。他穿着七分裤，戴着白色头带，着橙色的无袖上衣，像是将自己隐匿于红土背景中。很快，他破了科里亚的发球局，1：0 取得暂时领先。现在我们都知道，在这种情况下拉斐尔定会

毫不留情地"宜将剩勇追穷寇"。但当时的球迷，甚至科里亚自己都还没有意识到这个年轻球员的能力。随后的10拍回合中，拉斐尔增加了底线击球的力量，吼声也一声高过一声。到第六拍时，他以一记极深的反手大斜线将对手逼至底线后方，接着又一记势大力沉的正手直线，最后再辅以一个精妙的网前小球，精彩地结束了这一分。

在局数2：0，比分40：30的时候，场上闪现了整场比赛最精彩的一分。

在长达 15 拍的多拍回合中，双方运动员都展现出教科书级别的底线击球，双方都在等待对方失误。然而在第 16 拍时，科里亚出其不意地放了小球（这一战术变化通常十分有效，足以使大多数球员惊慌失措）。但拉斐尔似乎是早有防备，只见他猛然前冲到位，击出一记正手直线。科里亚网前轻松一顶，又将球挑高至底线附近，尽可能不让纳达尔触到球。此刻拉斐尔展示出超强的运动能力，迅捷后撤到位，千钧一发之际追上了球，并打出了一记漂亮的直线。而这时的科里亚已非常疲惫，导致最后一拍回球下网而丢分。

终于，拉斐尔迎来了赛末点。在又一个 16 拍的多拍回合后，拉斐尔终于首次拿到了大师系列赛的冠军。他高兴得往后一仰，躺在红土上庆祝胜利。

"此刻真令人难以置信。今天我非常、非常专注。一直都很专注，"赛后，他用那可爱但结结巴巴的英语说。"是的，是的，我第一个非常重要的比赛，不是吗？所有人都会记住这个冠军，所有的一切。但我的目标是（提高）我的网球水平。我还需要提高我的发球、网前和削球。如果我能做到，如果这些技术能再提高一些，我想我还可以赢得很多比赛，不是吗？"

只能说，连他自己都低估了自己。那一年里，拉斐尔的柜子里就又多了三座大师赛奖杯，以及罗兰·加洛斯的首座大满贯奖杯。到本赛季结束时，他收获了 12 个 ATP 巡回赛的冠军头衔。

左图: 2005 年蒙特卡洛大师赛上，纳达尔赛程中包括了半决赛战胜本土英雄理查德·加斯奎特的胜利

5

习性和
恐惧

左图：纳达尔用精确整齐摆放饮料瓶制造仪式感，这让他感到踏实

❝我不迷信，要不然失败一次就会变个花样，但我并没有。甚至也不是非得做那一系列习惯性动作。你们看到我常常会有些习惯性小动作，那是在整理自己的思绪，因为我的思绪经常会有些混乱。这是种能让我集中精力、平复内心的方式。这样，我就不会老去想，我会输，我会输；或者是另一种更可怕的想法——我会赢，我会赢。❞

这是拉斐尔最近接受意大利报纸《体育邮报》采访时说的，他都说不清是第几千次解释赛前和赛中会有那么多的清规戒律式的仪式性动作了。拉斐尔有很多这样的小仪式，这是他人格中有趣的一面，并且在外人看来是没有明显目的性的。

多年来，拉斐尔仪式性的动作或多或少也在发生些变化，主要看当时的精神状态，不过它们一直遵循着一些基本的模式。

首先是在更衣室。他承认在比赛开始前45分钟，必须洗个冷水澡，以激活自己的专注力，使身体为即将投入的战斗做好准备。然后，他一定要亲自给带上场的6块拍子缠上手柄胶。据称他拒绝穿高于鞋面15厘米的袜子；他在比赛前一小时从球包里找出头带，但直到上场前几分钟时，才会把它缠在头上，而且是慢慢地、紧紧地、非常仔细地缠好。通常情况下，他也会在比赛期间换头带，每一次也都会神情专注、有条不紊。他会听着音乐进行一些跑跳准备活动，然后休息一会儿再去上趟厕所。他承认，在开赛前的一个小时内，常常会紧张得上五六趟厕所。

然后是大量的只能被解释为强迫症的赛前仪式。在重要的比赛中，出于礼仪，球员的球包会安排球童背到球场上，而拉斐尔则坚持自己手上一定要握块球拍入场。走到他的场边座椅旁，就要把球包规规矩矩地放置于椅子旁边（一度还必须在球包下垫张毛巾）。接着是水瓶的摆放：

习性和恐惧   79

雷打不动的两瓶水，一瓶冰水，另一瓶常温水，一丝不苟地摆放在地上，紧挨着椅子的左前方，标签要以固定角度面对球场。在换边休息时，总会发现他会每瓶都小啜一口，再照原样摆放好。

热身结束时，拉斐尔喜欢等对方球员走上场后才起身。上场后的他在真正的比赛开始前，突然会动作夸张地冲到底线。在两分之间，他会调整步态，以防踩到球场的线。换边休息时，他总会等对手走过网柱回休息区后才走向自己的区域。

发球前他还有一系列仪式需要完成：整理护腕、整理头带、整理球衣，把头发向耳朵后面塞塞，不多不少地拍几下球。走向底线，从球童手里接过球，接下来的动作，就非常熟悉了：用右手隔着运动短裤急速拉拽一把里面的内裤，然后扯扯左衣袖，再拉拉右衣袖，摸一把鼻尖，把头发再塞到两只耳朵后面一次，最后拍球准备发球。不管是拽内裤，还是扯衣袖，都与服装的质量好坏毫无关系，毕竟赞助商都是花费了数百万美元，开发出很多世界顶尖网球装备的企业。这些不过只是他独有的寻求内心平静、提高比赛专注度的习惯性动作而已。他说自己甚至都还没有意识到，当着成千上万观众的面，甚至是全球亿万电视观众，每次发球前都会隔着短裤去拽内裤；而且二发时，还要再拽一下。他告诉《绅士季刊》："从小我就是这样，所以可能这是无法改变的事情。""这件事情我真的没办法改变。很多事情都可以改，但唯独改这事儿，我真做不到。"

甚至连母亲安娜·玛丽亚也被无辜地卷入到这场内裤争议中。"你不知道人们给他送了多少内裤，还都以为是内裤不合适，"她曾向一家西班牙杂志透露。"有人给我寄了封信，说应该给他买更大尺寸的内裤，还随信附上他认为合适的四条内裤。其实这是一种紧张后不由自主的动作，越是紧张……他一直有这毛病。我倒觉得会不会是他屁股太大了点。"

拉斐尔并非唯一一个在发球前有一套固定仪式性动作的球员。亚历山大·兹维列夫发球前会拉起球衣，挠挠想象中的痒，丹尼斯·沙帕洛夫则会在胯下拍两次球。诺瓦克·德约科维奇则不停地用球拍或手拍球，那真叫个无休无止。他坦言自己拍球的纪录是在一场戴维斯杯比赛中创造的38次。

撇开发球不论，球场仪式被指向了强迫症。虽然拉斐尔从未承认被诊断出患有这种疾病，但很多医学专家都已经提供了建议。一位专家甚至警告网球比

右图：绑头巾是众多赛前仪式之一

赛的评论员，不要讥笑拉斐尔的这些行为，因为担心会造成对这种严重的精神类疾病的忽视。其实非理性甚至迷信的习惯性和仪式性的动作，在运动心理学中是被认为有一定正面作用的，运动心理学认为成功一定是源自信仰的。

2001年温布尔登比赛中，克罗地亚选手戈兰·伊万尼塞维奇，也是位左撇子选手，他坚信每天看儿童电视节目《天线宝宝》能帮助他获胜（他也真这样做了）。2008年，当最受欢迎的塞雷娜·威廉姆斯在法网第三轮被击败时，她将意外出局归咎于未能坚持熟悉的仪式动作。她说："我没有把鞋带系好，没有把球拍够5次，没有把淋浴拖鞋带来球场，"她说。"我连多的衣服都没带。就知道这是宿命。这些都本不该发生的。"

在其他运动项目的运动员中，甚至还有更加令人费解的迷信。如英国板球运动员马克·兰普拉卡什。2011年，他把自己的出色成绩归功于嚼同一块口香糖。如果当天比赛已经结束，而他仍未出局，他会把口香糖粘在球棒手柄的末端，"留到明天早上的比赛时继续嚼，"他说。

澳大利亚足球门将马克·施瓦泽，在其整个职业生涯中都只穿着同一副护胫。第一次穿那副护胫是1990年，他从19岁时起，每场比赛都会穿上它，

直到2016年退役。"我得告诉各个俱乐部的装备管理员们：'如果把我的护胫弄丢了，我会杀了你'，"他曾经这么说。

众所周知，泰格·伍兹每次高尔夫比赛最后一轮，都会换上件红色T恤，这是他从少年时代就开始的一种习惯。"我纯粹出于迷信坚持这样做，但这样做也确实奏效，我就不再打算改了。"

有没有种方法可以解释为何存在这些迷信呢？一位美国的心理学家早在20世纪40年代就提出，为了理解人类的迷信行为，有必要从长羽毛的朋友那里去寻求答案。1947年，印第安纳大学的行为心理学家伯尔赫斯·弗雷德里克·斯金纳（后来成为哈佛大学心理学教授），用鸽子做了个实验。他把饥饿的鸽子放进笼子，笼子装接上一个自动输送食物装置。惊奇的是，这些鸽子很快就开始将食物送达时的一些随机动作联系起来，认为重复这些随机动作将能带来更多食物。

斯金纳在《实验心理学杂志》上以"鸽子的迷信"为题写道："有只鸽子会绕着笼子逆时针转圈，在两次强化之间转2到3圈。""另一只鸽子会反复将它的头伸向笼子的某个角落。第三只鸽子产生了'抛掷'反应，就像它的头上方有一根杆子，并用头反复做抬杆的动作。还有两只鸟出现了头部和身体的钟摆运动，头部向前伸出，从右到左摆动，运动剧烈，然后再慢慢减缓。"

与鸽子的行为相比，拉斐尔式的水瓶摆放、冷水澡和拉内裤突然就显得不那么滑稽了。

斯金纳将鸽子的迷信与人类的迷信做了以下对比。"实验可以说证明了一种迷信的存在。鸽子的行为就像是以为自己的某种行为和食物的出现存在着某种必然的因果联系，尽管这种联系其实压根儿不存在。在人类行为中，有许多类似的情况。认为坚持某种仪式性动作可以改变牌运就是个例子。偶然的某个仪式性动作，一旦导致了对自己有利的结果，即便很多时候不做也同样会产生相同结果，但足以使得某些人建立和维持这样的行为。另一个例子是，保龄球手在球已经出手进入轨道后，还在继续扭动手臂和肩膀，仿佛这样还能控制球的滑行方向。然而，这些行为对人的运程或已滑入轨道的保龄球，已经不可能有实质性影响，就像在案例里鸽子什么都不做，或者更严谨点讲，做任何动作食物照样也会出现。"

因此，拉斐尔的仪式性和习惯性动作，对赛事结果没有实质性的影响，但

左页：发球之前把耳侧散乱头发作整理，是另一个重要的仪式

它们确实有助于他平复下来。潜意识中他相信这些是有效果的。他对这些动作的控制，有助于抵抗比赛时其他的一些不可控元素。"当我完成这些动作时，就意味着我很专注，专注于比赛，"他曾经解释说。"也不是非做这些不可，但一旦做了，就意味着注意力已经是非常集中了。"

拉斐尔曾谈到需要在比赛时变成一台"网球机器"，通过压抑情感来对冲自己的弱点，从而增加获胜机会。他说，像是一位中世纪的骑士，穿上盔甲奔赴战场一样。"这是一种自我催眠，完全沉浸于比赛中，以极其严肃的态度，对自己和对手掩饰弱点，"他在传记《拉斐尔——我的故事》中解释道。

然而还有个棘手的问题，就是他的恐惧症。多年来他一直承认常常会处于某种不明原因的恐惧中。母亲描述过他对黑暗的恐惧，他喜欢开着灯睡觉。她曾透露她儿子如何在半夜惊慌失措地打电话。"他打电话给我说'妈妈，我们有麻烦了'，"她回忆道。"'停电了，吓死我了'。而我不得不告诉他，手电筒电池在哪个抽屉里。"

接受 Vogue 杂志采访时，拉斐尔描述他对黑暗的恐惧。"晚上独自在家，会让我有点紧张。如果一个人在家，我必须睡在沙发上，不敢上床睡。我躺在沙发上，摁开电视，点亮所有的照明灯。我不是生活的方方面面都很勇敢。网球方面，我是。在其他事情上，我就不怎么样了。"

小时候，雷雨天，拉斐尔会吓得蜷缩在垫子下面。他母亲说，即使成年后，当预报有雷电时，他也会试图阻止家人外出。他很小的时候，托尼叔叔就利用害怕雷电这一点来训练他打球的专注力。他警告拉斐尔，如果不百分之百地专注于打球，雷神就会发怒。这个伎俩每次都很奏效。

但对雷暴的恐惧还只是冰山一角。赛车、摩托车、直升机、自行车、深海、房屋火灾、狗、蜘蛛或绝大多数动物，事实上……日常生活中，很多事物和事件都会让他感到恐惧。

有鉴于篮球明星科比·布莱恩特在加利福尼亚发生坠机事件，和之前世界拉力赛明星科林·麦克雷坠机事件，他对直升机感到"犯怵"或许是可以理解的。然而，如果因为职业需要不得不乘坐直升机的话，他是可以接受的。对于摩托车他则敬而远之。"我有一辆摩托车，那是别人送的，我没有骑过，"他曾说。"我不骑摩托车，害怕骑摩托车。太危险了。我们都只有一条命。"

不过，更让人费解的是他害怕开车，尤其是当人们知道他有好几辆非常拉

上图和P86-87图:
尽管纳达尔仪式对比赛胜负没有影响，但的确有助于使专注力更为集中

风的超跑后。母亲曾描述儿子驾车有多小心，一脚刹车，接着一脚油门，又接着一脚刹车，超车时特紧张。

对于一个打小就在岛上生活的男孩，居然还害怕大海，就有点说不通了。拉斐尔的妹妹曾经透露，除非是在能一眼见底的海域，否则哥哥是不敢在海上玩摩托艇或游泳的（已有狗仔队拍到了他与妻子和朋友们玩水上摩托的照片，想必应该已经克服了恐惧）；悬崖跳水是马略卡岛上诸多孩子所喜欢的娱乐，但对于拉斐尔，却是避之唯恐不及的禁忌游戏。自行车呢？他说自己从未骑过，因为总有一种会摔跤的担心。

拉斐尔最害怕的似乎是担心家人会遭遇不测。比如生病或者发生意外，哪怕是一点可能性，都会令他非常慌乱。他母亲还记得，冬季里拉斐尔会不断提

单打比赛发球与接发记录

	2005	2008	2013
单打发球记录			
发球直接得分和ACE球（次）	219	283	221
双发失误（次）	131	117	120
一发进球率	69%	69%	69%
一发得分率	71%	72%	73%
二发得分率	57%	60%	57%
破发点（次）	449	395	356
破发点保发率	64%	67%	69%
发球局（局）	1,038	1,054	913
发球局胜率	84%	88%	88%
总发球胜分率	66%	68%	68%
单打接发记录			
一发接发球得分率	37%	34%	35%
二发接发球得分率	57%	55%	54%
破发点机会（次）	845	786	662
破发点破发率	46%	45%	47%
接发球（局）	1,031	1,045	916
接发局胜率	38%	33%	34%
接发球得分率	45%	43%	42%
总得分率	55%	55%	55%

2017	2020	比较	所有场地 生涯成绩	红土场地 生涯成绩
286	157		3,856	985
123	66		2.066	681
68%	64%		68%	70%
74%	75%		72%	70%
61%	58%		57%	57%
340	160		6,309	2,526
70%	68%		67%	66%
939	414		14,780	5.499
89%	87%		86%	85%
70%	69%		67%	66%
35%	35%		34%	40%
56%	57%		55%	58%
718	270		10,943	4,800
41%	49%		45%	49%
908	398		14,633	5,433
33%	34%		34%	43%
43%	43%		42%	47%
56%	56%		55%	56%

习性和恐惧　　**89**

醒自己，睡觉前检查壁炉里的火是否已完全熄灭。如果他晚上是和朋友在外过夜，更会三番五次电话提醒家人。他与家人关系的密切程度可见一斑。这也许解释了为什么他长居岛上，从未搬离。他的许多网球同行们，选择移民世界各地的避税天堂定居［资料图］，尽管西班牙个人所得税高达47%，而邻国摩纳哥却为零，但拉斐尔却甘愿选择留在家人身边。

全球新冠病毒流行增加了拉斐尔的担忧。就像所有人的担忧一样。当33岁第一次感染病毒时，他声称并不担心自己的健康。"然而，如果被感染了，我可能传染给那些高风险的人群，"在最近一次采访中他解释说，"我担心父母，担心家人，担心左邻右舍的朋友们。这是我们一生中最为艰难的时刻。此刻，生命里除了网球赛外，还有了需要应对的更艰难的挑战"。

球场上的拉斐尔，所有上述仪式性、习惯性动作甚至恐惧症都让人感觉别有洞天。在他健硕的体魄里包藏着一个羞怯的小男孩，这个男人的灵魂深处是如此地勾人心魄。

拉斐尔的教练卡洛斯·莫亚将弟子形容成是克拉克·肯特和超人的双重人格——看似举止温雅、戴眼镜、不善交际的白领宅男，瞬间就能化身为刚毅勇猛、肌肉凸起、无往不胜的超级英雄。的确，和超人相同，拉斐尔也总是一面温良谦恭，而另一面霸气侧漏。

正像他所解释的那样，"在球场上，也许表面上看起来我是无所畏惧的，但内心里，我是很胆小的。我觉得恐惧也是生活的一部分"。

发球方向：纳达尔的发球模式

中线　　　追身　　　外角

🔴 纳达尔
一发方向

⚪ 纳达尔
一发方向

🟢 纳达尔
一发方向

🔵 纳达尔
一发方向

0-0
外角=25%
追身=13%
中线=62%

外角=36%
追身=13%
中线=51%

外角=52%
追身=6%
中线=42%

外角=49%
追身=14%
中线=37%

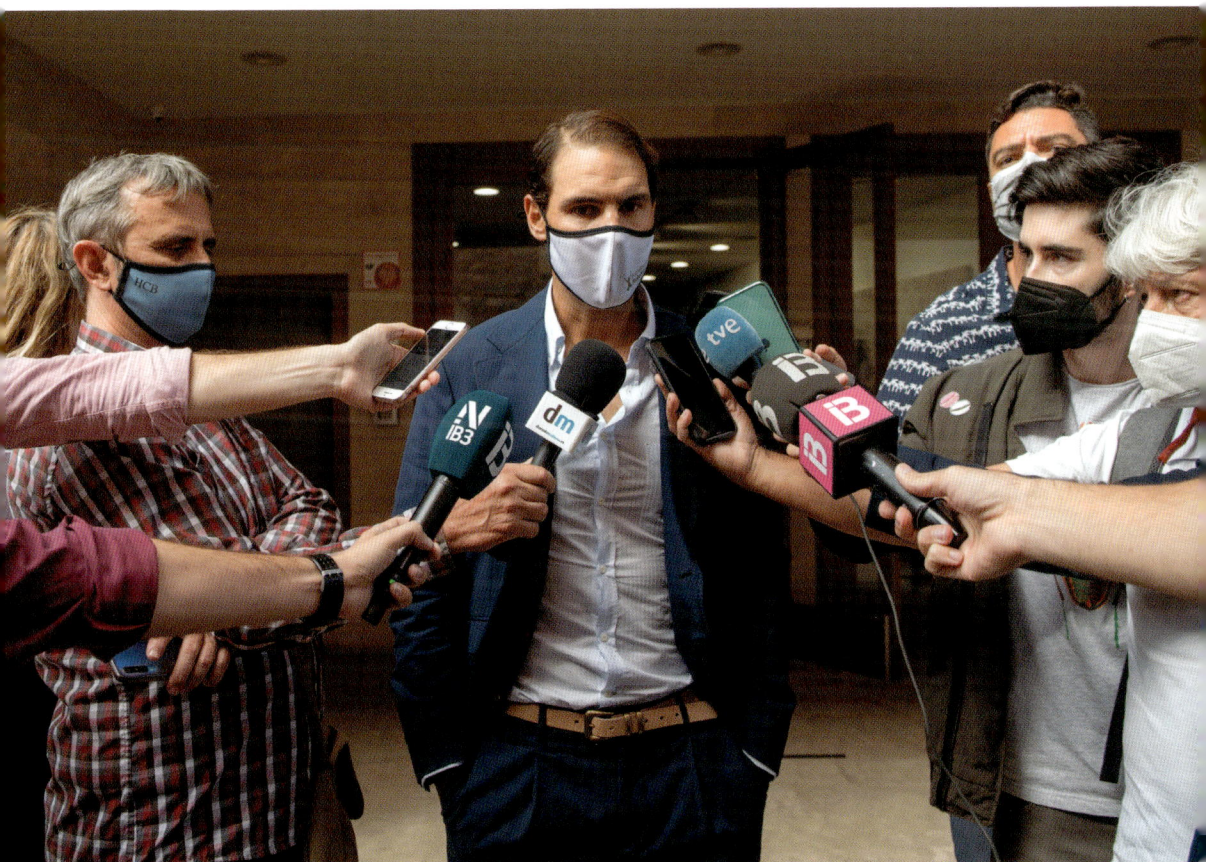

左图：2020 年，紧张的拉法在澳大利亚珀斯罕见地乘坐直升机

上图：纳达尔在全球疫情期间面对媒体

P94-95 图：2004年在佛罗里达州迈阿密参加比赛

"
有一个叫纳达尔星球的地方，那里的孩子不是玩娃娃，而是玩球拍；肌肉先于骨骼生长，勇气先于语言习得，心跳更快。拉法是一个青少年，他已经把自己变成了超人。
—— *El Pais* newspaper
"

比赛

法国网球公开赛

2005 年 6 月 5 日

法国，巴黎，罗兰·加洛斯球场

决赛：拉斐尔·纳达尔 vs. 马里亚诺·普埃尔塔

拉斐尔·纳达尔 6:7、6:3、6:1、7:5 马里亚诺·普埃尔塔

拉斐尔在罗兰·加洛斯球场赢得首个冠军时年仅 19 岁，那时有谁能想到之后他还能超越历史上的任何球员，在巴黎红土场上再取 12 冠？时至今日，我们已经认可这个优秀的西班牙人是毫无争议的红土之王，而在当时，13 个法网冠军是件绝难想象的事。

在 2005 年冬末和 2006 年春季期间，拉斐尔的红土场战绩呈指数上升。2006 年 2 月，在巴西和墨西哥他赢得了 ATP 锦标赛。4 月初，硬地球场赛，他打进了迈阿密大师赛决赛，在一场惊心动魄的五盘大战中，输给了罗杰·费德勒。4 月底，拉斐尔再回到红土球场，在蒙特卡洛赢得了首场 ATP 大师赛，然后又在巴塞罗那和罗马赛场上都一举夺冠。

在前几轮比赛中，拉斐尔一路击败了理查德·加斯奎特、塞巴斯蒂安·格罗斯让、大卫·费雷尔和罗杰·费德勒，进入决赛时，他看起来似乎势不可当。在法网中央球场——菲利普·夏蒂尔球场，对阵阿根廷选手马里亚诺·普埃尔塔时，绝大多数球迷都希望这位西班牙人能获得胜利。球迷中还坐着西班牙国王胡安·卡洛斯一世。君主亲赴巴黎现场为新生代红土网球王子鼓劲加油，由此可见对这位年轻的马纳科尔人的评价有多高。

拉斐尔留着齐肩长发，穿着标志性海盗式长裤，戴着白头巾，青绿色的无袖上衣，活力爆棚地开始了首个大满贯决赛。拉斐尔第一局就顺利破发对手。然而，在拉斐尔 3:1，比分 40:15 领先的情况下，普埃尔塔呼叫了医疗暂停。只见他慢慢走到休息椅旁，请求医务官绑好右大腿。如果说拉斐尔之前可能还指望第一个大满贯决赛，能在半小时内就解决战斗的话，这想法很快就被现实所破灭，因为普埃尔塔在暂停之后不仅挽救了两个局点，并在下一局回破成功，将比赛局分扳成 3∶3。右腿绑着扎带的阿根廷人，并没有显露出任何弱点。两位选手继续进行着激烈的交手，普埃尔塔还常常用更为凶狠的回球猛攻对手，足以让对方手忙脚乱。然而，拉斐尔防守也做得十分出色，随心切换着各种防守模式以应对对手。更令观众兴奋的是，几乎每赢一分，他都会握拳高呼"Vamos！"来为自己鼓劲加油。这就是我们现在已经见惯不惊的独特的庆祝方式，而当时，在职业生涯的早期，这种自信心爆棚的表现则会让人不爽。看得出普埃尔塔对此的反应是疑惑和不满的。但话说回来，他的那次医疗暂停也同样会遭人质疑。

下图：普埃尔塔和拉法进入 2005 年法网决赛

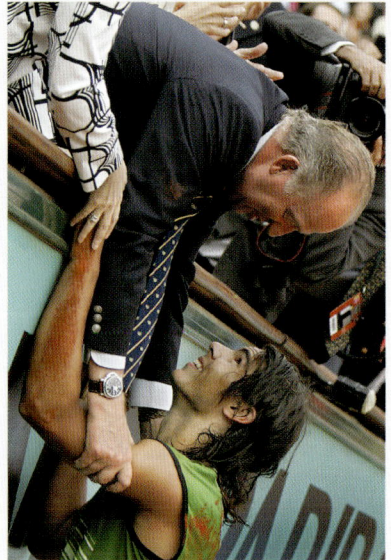

第一盘的争夺很快进入到抢七阶段，最关键的一分是在小分2：2的时候，在双方持续了一个14拍多拍回合后，普埃尔塔放了个小球，拉斐尔快步杀到网前救球，普埃尔塔也来到网前准备截击。拉斐尔跑到位后，直接将球朝着对方脑袋打过去，得分后还握拳庆祝。诚然，之后他急切地道了歉，但由此可以看出，球员间的紧张氛围都已经达到了沸点。

被彻底激发出斗志之后的拉斐尔，打出了两记完全令人诧异的制胜球，一个正拍上旋打到球场边线附近，一个反手直线抽击，所有人都惊呆了，连拉斐尔自己都惊讶到搁下了球拍。普埃尔塔用小球戏弄西班牙小子，狡猾多变的战术使得他拿到了6：5的局点，紧接着以7：6拿下了第一盘比赛。

拉斐尔的报复是迅猛且极具毁灭性的。在本赛事之前已完成的比赛中，这是他丢失掉的第一盘。然而，沉沦和沮丧从不是他的风格，他立马就向对手施加了更大的压力，还全力救回那些其他选手可能会直接放弃的小球。这一切努力造就了场上惊心动魄的多回合精彩搏击，以至于这场比赛至今仍被认为是红土场最经典的比赛。

来到第二盘的第四局比赛，拉斐尔再次破掉了普埃尔塔的发球局。自此，在四分之一决赛和半决赛都以五盘大战取胜的阿根廷人，却意识到自己的求胜心已经开始滑坡。随后拉斐尔又在第三盘大部分时间里掌控了比赛的节奏，最后对手以一记发球双误，交出了第三盘比赛。

接下来的比赛中，不知何时起，普埃尔塔发现了一种省力而有效的办法。比赛到第四盘5：4，比分40：15领先时，普埃尔塔握有两个盘点，但都被西班牙人依靠锲而不舍的精神所挫败。随后的第三个盘点也被拉斐尔化解掉，这样一来，顷刻间普埃尔塔不仅没办法把比赛拖入到第五盘，反而还面临着被破发的危险境地。拉斐尔将比赛拉回到了5：5平。

普埃尔塔接连错失了些机会，当局数5：6，比分30：40落后时，依靠发球为自己保留了一线生机。但最后时刻突然就状态尽失，一个正手抽击，球出了边线。随着这记出界球，拉斐尔仰面瘫倒在地，疲惫不堪却又欣喜若狂。红土之王的统治也就此开始。

但此时的观众席上，还坐着西班牙国王呢，得抓紧去礼节性致谢。拉斐尔头发、上衣和短裤上都沾满了红土，他爬上看台，拥抱着球员包厢里的父母、姐姐、叔叔、婶婶、团队成员和亲密朋友。此刻，胡安·卡洛斯从总统包厢里也俯身向忠诚的臣民表示了祝贺，还一把握住了他汗淋淋的肱二头肌（这块肌肉是对普埃尔塔造成巨大伤害的"罪魁祸首"）。在颁奖仪式准备之际，坐在休息区候场的拉斐尔一直情绪激动，泪流满面。之后，在女球童的陪同下，他边走边回应观众席热情的观众，登上了领奖台，从法国传奇足球运动员齐内丁·齐达内的手中接过了象征着问鼎的火枪手杯。

那天晚上，拉斐尔和团队在香榭丽舍大街一家夜店庆祝了胜利。与此同时，四面八方的祝贺也接踵而至。西班牙政界人士们纷纷加入到了这股爱国热潮之中。他的官方网站被大量信息轰炸，其中不乏一些求婚信息。

多年以后，拉斐尔回顾大满贯首次夺冠历程时，还显得格外深情。"当时我非常年轻。能量满满，浑身都带着一股年轻人的冲劲，"他回忆道。"再难的球我都能回过去，重要的分数也能拿得下来，感觉每一拍都展示着绝对的实力和无限的力量。我是带着对网球纯粹的热爱在比赛。半决赛我打了场很好的比赛，而决赛也更不轻松。但我觉得身体状态非常不错。我对自己的比赛充满了信心，因为我已经赢得了（那个春天）之前的所有比赛，但也很清楚，任何事情都有可能发生。

"这一切发生得太快了。从世界排名第50位，到进入罗兰·加洛斯的决赛，我只用了两个月时间。但我心态很好，很平静。以往的成长经历教会了我该如何应对这样的情况，我是有准备的。胜利之后回到酒店，我对自己说：'好吧，我赢得了网球赛事中最重要的比赛，接下来的职业生涯里，就可以淡定点，不再有那么大压力了吧'。而真实的情况却完全相反：每一年所承受的压力只会变得越来越大。"

右图：法国传奇球星齐内丁·齐达内为拉法颁发他的第一个罗兰·加洛斯奖杯

"事实是，这一切（咬奖杯）一开始只是一个笑话。但从那时起，总有摄影师要求我这样做。现在我一直在这样做，我别无选择，只能继续。我可以确切地告诉你，它们一点也不好吃。"

——拉斐尔·纳达尔

6

财富

在职业生涯的后半段，拉斐尔从比赛奖金和赞助中获得的收入在减少。早在2014年，也就是他在罗兰·加洛斯赢得第9次法国网球公开赛的那一年，他的收入达到了惊人的4450万美元，这包括来自赞助商的3000万美元和比赛奖金1450万美元。到2016年时，这个数字略微下降到3750万美元。到2018年，又略有回升到4140万美元。

准确地说，运动员的收入并不能被科学估计。会计师们是不可能将客户纳税申报单公之于众的。然而，美国商业杂志《福布斯》每年都会根据业内人士对奖金、工资、津贴、赞助交易、出场费、特许授权收入和商业投资的研究，公布出全球收入最高的前50名运动员名单。最新榜单涵盖了2020年5月至2021年5月期间，爱尔兰综合格斗运动员康纳·麦格雷戈位居榜首，总收入达1.8亿美元。足球传奇人物梅西和克里斯蒂亚诺·罗纳尔多分别以1.3亿美元和1.2亿美元排名第二和第三。收入最高的网球球员是罗杰·费德勒，收入为9000万美元。而在2020年和2021年的大部分时间里，因伤病和疫情影响，缺席比赛的拉斐尔则榜上无名。

这不是说他很快就要勒紧裤腰带过日子了。在漫长的职业生涯中，迄今为止，他仅在比赛奖金方面就已经积累了约1.25亿美元，仅次于德约科维奇（1.53亿美元）和费德勒（1.3亿美元）。然而，这与他所获得的巨额赞助费相比还相形见绌。自从2001年成为职业球员以来，各家品牌商都急于与这位球员搭上关系，随着大满贯头衔的逐年增加，品牌商们的热情也越来越高涨。他最新的赞助商名单中包括了与他达成长期合作关系的服装品牌耐克，球拍品牌百保力（Babolat），还有西班牙金融巨头桑坦德集团，汽车制造商起亚，西班牙保险公司曼弗雷（Mapfre），护肤品牌艾利卡（Heliocare），西班牙电信

左图：辛辛那提大师赛上，拉斐尔穿着耐克短裤，勾标；手带，勾标；T恤，勾标；头带还是勾标

公司（Telefonica），瑞士手表制造商理查德·米勒（Richard Mille），以及荷兰啤酒商阿姆斯特尔（Amstel，当然是不含酒精版）。

拉斐尔肯定不是网球界最富有的球员。这一殊荣归属罗杰·费德勒，据《福布斯》杂志报道，2020年，他的收入为1.063亿美元，比地球上任何其他运动员都多。如前所述，在最新的富豪榜上，这个瑞士人以9000万美元位居网球运动员收入的头把交椅，但2021年度ATP记录中，他的奖金收入却只有区区647,655美元。福布斯榜单上，紧随其后的是大坂直美、塞雷娜·威廉姆斯和德约科维奇。

那么，在职业网球中，究竟是靠什么保证顶级选手能获得如此巨大的赞助收入呢？这得归功于电视转播。比赛期间，分与分间的间隙，镜头会被给到球员脸部和上半身特写，确保服装商标在画面中出现。比赛有时会持续三个小时以上，特别是在拉斐尔最擅长的红土球场，持续的时间越长，到结束之时，品牌曝光量也越会相应地增加。而网球在全球范围内很受欢迎（男子ATP巡回赛在六大洲30多个国家都有举办），观众群体又尤其以富裕的中产阶级为主，每年1月到11月都有电视转播。赞助商无疑能从对他们的投资里收获到丰厚的回报。

但是，像拉斐尔、费德勒和德约科维奇这样的人物，还有个额外的吸引点：人格魅力、俊朗外表和广泛的媒体关注度。就拉斐尔而言，自2005年以来他持续获得大满贯冠军，这确保了他被全球媒体广泛地报道，获得了家喻户晓的名声。虽然他不能像费德勒那样精通五六种语言，但他会说马洛基语、西班牙语和英语，虽然他的英语发音怪得可爱。西班牙语和英语已经足以确保他能接受多数国家媒体的采访了。他的身材也很棒，属于那种阳光健康的帅气，场里场外都是个衣架子。他曾为Emporio Armani和Tommy Hilfiger做过模特，经常被要求脱得只剩条内裤。

他所代言的大多数品牌（包括内衣），都是大公司。这就能解释为什么他在接受采访或面对媒体时总是非常谨慎，不说任何引起争议的话。只要一不小心，说错一句或做错一个动作，就可能会在一夜之间失去一份利润丰厚的合同。所以说，拉斐尔在诸多新闻发布会上一般都沉默寡言，尽可能依靠拖延时间来应对。

也有很多小一些的赞助商，在他那里几乎都算不上"绩优股"。饼干、视

右页上图：多年来，百保力公司为纳达尔的支持回报了丰厚报酬

右页下图：赞助商西班牙保险公司曼弗雷照片拍摄现场

频游戏、健身器材，还有他的Sunreef双体游艇，当时品牌方一定是给了他一个
非常优惠的价格，这从他乐呵呵地摆姿势让他们拍宣传照的样子就看得出来。

虽然某些品牌会将出席活动、拍电视广告、参加社交媒体活动、衣服绣上
品牌logo、参加品牌商举办的礼节性社交活动作为交易的一部分写进合同中，
但更多小品牌则只能指望蹭点明星的热度就很兴奋了，能有幸挤入简短的新
闻发布会，在媒体上亮几次相，在社交媒体采访时能被稍稍提及，就足够让其
满足了。

他的社交媒体形象正在与日俱增。在写这本书的时候，他在Twitter上有
1560万粉丝，在Facebook上有1400万粉丝，在Instagram上有1220万粉

丝，而这些媒体上的大部分内容都是关于他的赞助商的。罗杰·费德勒和诺瓦克·德约科维奇的大满贯冠军数量不逊于拉斐尔，但他们在社交媒体上的粉丝量却不如拉斐尔。

拉斐尔甚至还涉足过流行乐坛。2010 年，他与哥伦比亚歌手夏奇拉一起，出演了她的歌曲《吉普赛》的 MV 角色。这首歌有两个版本，英语版和西班牙语版（*Gitana*）。在西班牙，这首单曲之所以缔造了白金销量的成就，很大程度上是受益于当时拉斐尔在干燥炎热的沙漠中性感魅惑的表演。

视频画面开始，是比拉斐尔大 9 岁的哥伦比亚女歌手，穿着一身清凉的吊带紧身上衣和裙子，边用口风琴演奏着一段乡村音乐序曲，边缓缓走向镜头。画面中，拉斐尔穿着牛仔裤和白 T 恤，浑身是汗、不发一言，安静地却又紧紧地抓着铁丝网矗立一旁，像个热恋中的少年。

"我们又不是在校友聚会。脱掉上衣，谁知道你会发现什么，"夏奇拉歌里唱道。"不会忏悔我所有的罪过。你可以打赌做做尝试，但你不一定能赢，因为我是一个吉卜赛人，你要跟我一起吗？"

接着镜头被切到躺在地上的两个拉丁恋人，手拉手相拥在一起，耳鬓厮磨地说着甜蜜的悄悄话。猛然间，拉斐尔脱掉了 T 恤，夏奇拉跨坐到他的身上，揉摸起他的头发。画面转为哥伦比亚人跳弗拉明戈舞，两人再次相拥，视频里安排了一段拉斐尔的独舞。视频最后在两个人拥吻中淡出。

虽然这段 MV 对拉斐尔的形象有提升作用，特别是在讲西班牙语的地区中，但这并不代表他会朝演艺圈发展。一旦他退役，有大量的商业活动够他忙活。

年轻时，他就曾声称对赚更多的钱兴趣不大。2008 年尧梅·普约尔－加塞兰和马内尔·塞纳斯撰写的《拉斐尔·纳达尔：红土场上的大师》一书中，他解释过为什么把所有财务决定权委托给父亲。"我根本不知道赚了多少钱。这样说并非不关心赚钱，但我真的从未为此操过心。我知道，只要球打好了，就不应该存在任何金钱方面的烦恼。"

他用自己当时所使用的一部普通手机来调侃自己对赚钱多么无感。"可能所有西班牙球员里，就数我的手机最丑。"

"就因为这部手机，在巡回赛中我常常被别人开玩笑。我其实只关心它能否正常通话，并不是需要拥有一堆永远用不着的功能的超级炫酷手机。有人在海边只需喝着杯可口可乐就会很开心。我就是这样的人。而另一些人需要驾

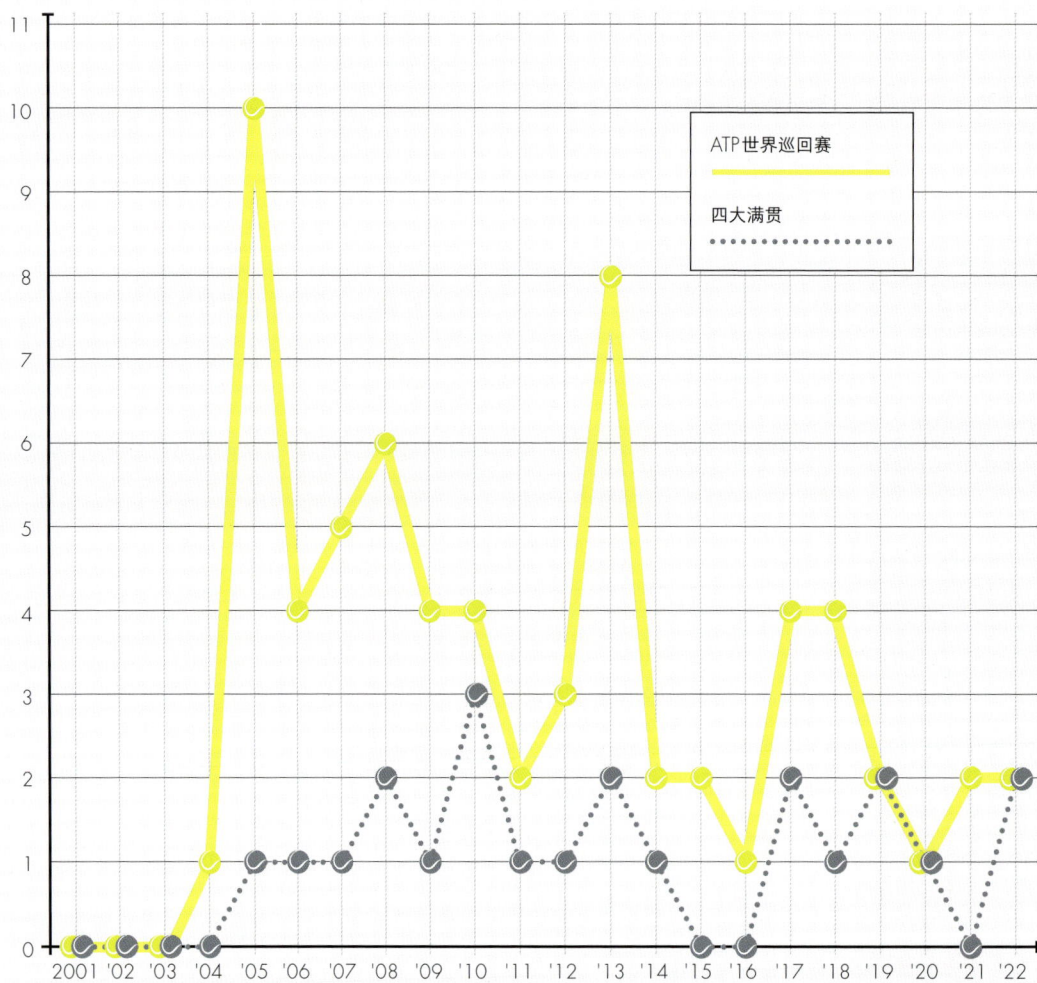

图例：
ATP世界巡回赛
四大满贯

纵轴：ATP／大满贯冠军头衔

横轴：2001 '02 '03 '04 '05 '06 '07 '08 '09 '10 '11 '12 '13 '14 '15 '16 '17 '18 '19 '20 '21 '22

2022冠军头衔更新到6月6日

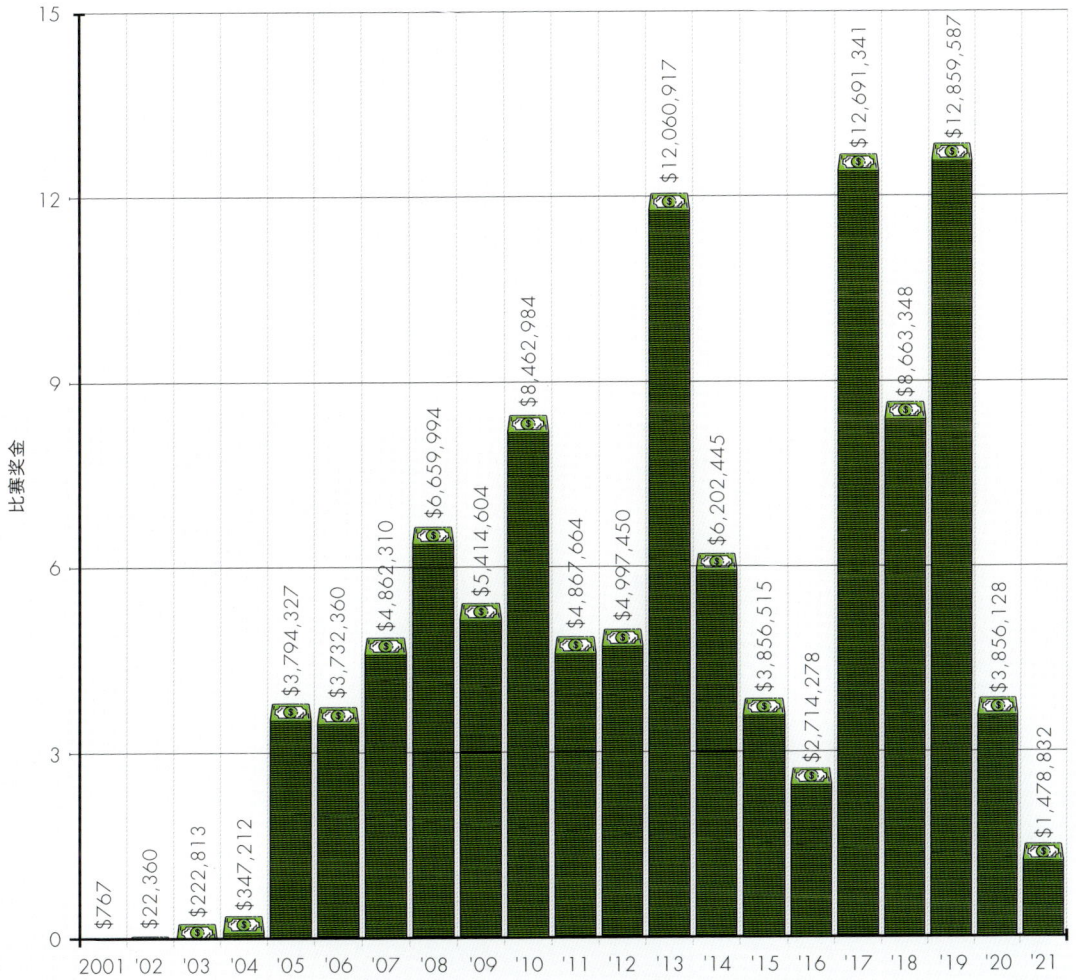

比赛奖金

- $767
- $22,360
- $222,813
- $347,212
- $3,794,327
- $3,732,360
- $4,862,310
- $6,659,994
- $5,414,604
- $8,462,984
- $4,867,664
- $4,997,450
- $12,060,917
- $6,202,445
- $3,856,515
- $2,714,278
- $12,691,341
- $8,663,348
- $12,859,587
- $3,856,128
- $1,478,832

15

12

9

6

3

0

2001 '02 '03 '04 '05 '06 '07 '08 '09 '10 '11 '12 '13 '14 '15 '16 '17 '18 '19 '20 '21

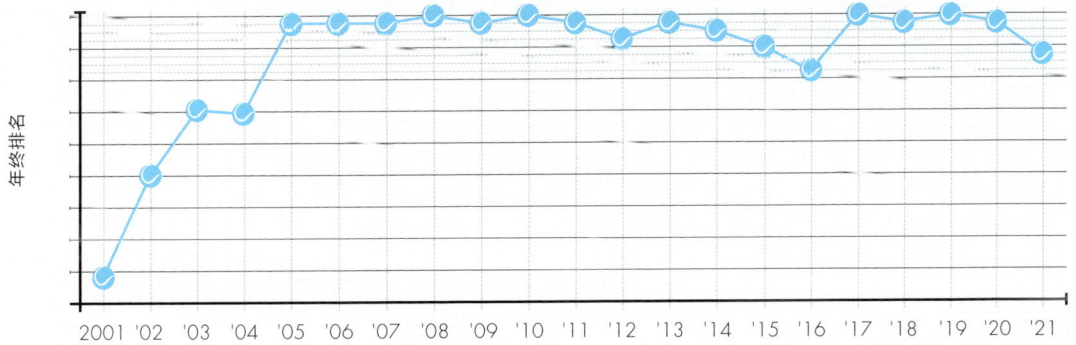

年终排名

2001 '02 '03 '04 '05 '06 '07 '08 '09 '10 '11 '12 '13 '14 '15 '16 '17 '18 '19 '20 '21

驶法拉利或买架私人飞机才会满足。每个人都有属于自己的自得其乐。"不用说，拉斐尔现在所用的手机，较之前肯定贵多了。但通常情况下，他仍然还是喜欢乘坐普通飞机（商务舱或头等舱）出行，而不会选择私人包机。

这些年里，拉斐尔和家人已经建立起了一个让人印象深刻的商业帝国，商业版图已遍布马略卡岛、西班牙甚至延伸到境外。其实在成为职业球员之前，他父母就已经在马纳科尔和周边地区经营着好几家当地企业。母亲的家族在马纳科尔经营着家具公司，在当地家具行业蓬勃发展了几十年。母亲曾经告诉他，家族企业的兴旺完全得益于拉斐尔曾祖父精湛的木匠手艺。拉斐尔的外公说过，20世纪70年代整个巴利阿里群岛卖出的2000张木床里，一半是出自

下图：2014年，拉斐尔与DJ克里斯朵洛克斯和电视节目主持人劳拉·拉斐尔惠特莫尔在知名酒商百加得的赞助派对上

他的车间。这么说可能有点夸夸其谈。

之后，拉斐尔的母亲安娜·玛丽亚曾经营过一家香水店，但为了专注于母亲和主妇的角色，她选择了放弃。

拉斐尔的父亲塞巴斯蒂安目前是岛上最为成功和名望最高的商人之一。拿他儿子的话说，他是一个被钱所驱使，万分享受交易快感的人。十几岁时他就开始工作了，在克里斯托港的海滩度假村开设了一间酒吧。19岁时，他卖过二手车，之后在银行工作了很短一段时间。20世纪80年代初，在马略卡岛的旅游业繁荣之时，他开始从事玻璃生产和安装行业。当地旅游业的发展也带来建筑业的繁荣，对玻璃门窗和桌子的需求随之大增。几年后，塞巴斯蒂安和他的兄弟托尼筹集资金，直接买下了这家现在叫马纳科尔玻璃公司的玻璃制造企业。公司的经营由塞巴斯蒂安全权负责，以便让托尼腾出时间训练侄子打球。

从那时起，塞巴斯蒂安和托尼的商业帝国就蒸蒸日上，起初还扩展到了房地产业。在相当长的一段时间里，托尼几乎不用做任何事情就可以得到公司一半的利润。兄弟俩对这种分配都很满意，因而拉斐尔的网球训练进展得也非常迅速。有段时间，拉斐尔、他父亲和两个叔叔米格尔·安吉尔和托尼，合伙成立了一家名为"纳达尔投资"的公司专注于房地产。拉斐尔的所有赞助协议，最初也是由父亲代为接洽的。

这以后，在拉斐尔开始在ATP巡回赛赢得人把奖金，从赞助商和产品代言中得到更多收益后，父亲曾建议应该向托尼叔叔支付教练费。托尼却立即拒绝了这一想法，担心这会打破两人之间的平衡。他很乐意从哥哥那里拿钱，却绝不愿意从侄子那里得到，因为这很容易让两人的关系演变成雇佣关系。而托尼希望在这对关系中，自始至终由自己说了算。

拉斐尔将父亲描绘成一个勤奋努力的商人，克服种种困难认真地把每一件事做好。在拉斐尔对待网球赛事的态度中可以发现，他继承了这种严谨务实的、勤奋的作风。

如今，塞巴斯蒂安已经坐拥了一个成功的商业帝国，涉及房地产、玻璃制造、保险和餐饮服务。除此之外，他的投资远远超出了这些领域，更远远超出了马纳科尔岛。他是马贝尔资本的董事之一，这是家位于马德里的投资公司，拥有300多名员工，业务遍及西班牙、葡萄牙、英国和美国。据报道，拉斐尔个人拥有该公司33%的股份，公司业务涉及领域之广，涵盖了金融、房

左图：2010 年法网上的纳达尔和托尼

P115 上图：拉法商业帝国之一，连锁餐厅 Tatel

P115 下图：2010 年，在马德里与足球运动员克里斯蒂亚诺·罗纳尔多、劳尔·冈萨雷斯·布兰科在一起

地产、酒店、体育、媒体和音乐，在马德里、里斯本、太阳海岸、费城和洛杉矶都有住宅和商业地产项目，有一个名为 Earthbar 的食品补充剂品牌。它旗下还有两家连锁餐饮品牌——一家叫 Tatel，在马德里、伊比沙岛、迈阿密和比弗利山庄都有店面，是和葡萄牙足球运动员（前皇家马德里球员）克里斯蒂亚诺·罗纳尔多和西班牙歌手恩里克·伊格莱西亚斯共同经营的；另一家叫 Zela。

2010 年，拉斐尔成为他最钟爱的皇家马略卡足球俱乐部的大股东。当时该俱乐部陷入了债务危机，他的投入被视作这家西甲俱乐部的救命稻草。二叔米格尔·安赫尔（一个对动荡的职业足球非常熟悉的前球员）还曾担任了一段时间的助理教练。

纳达尔的另一项非常重要的商业投资是拉斐尔·纳达尔学院（Rafa Nadal Academy by Movistar）。它由托尼叔叔主管，同为西班牙球员的卡洛斯·莫亚和卡洛斯·科斯塔分任技术总监和业务主管，这个庞大的体育连锁机构总部设在马纳科尔。学院建有游泳池、至少 26 个网球场、足球和壁球设施、

国际学校、博物馆、保健和健身中心。有时，拉斐尔想方设法将不同商业领域进行组合。赞助商为他提供一台新型起亚EV6新能源车时，仪式就被安排在马纳科尔的拉斐尔·纳达尔网球学院举办。学院还在墨西哥坎昆市和希腊北部的萨尼度假村设有分院，一道为业余爱好者和崭露头角的专业选手提供相应课程的学习。

"对我们而言，对人的培养与体育训练同等重要，因此，我们的目标是让每个球员能够将勤奋、谦逊、宽容、耐心、尊重、纪律和诚信等价值观付诸实践，"拉斐尔谈到他的执教理念时说。

这里的段落代表纳达尔在科威特的学院，这是他在马纳科尔以外的第一个学院。

纳达尔家族还热心于公益事业，他们通过拉法·纳达尔基金会 (Fundación Rafa Nadal) 开展了大量的慈善活动。拉斐尔和母亲2008年建立了这个慈善机构，专注于通过体育和教育帮助贫困儿童，目前在西班牙、印度和美国均有项目运营。他们表示，基金会的目标是帮助儿童"以最大限度地挖掘潜能，给予他们力量，并培养自我完善、尊重和努力等价值观"。拉斐尔的母亲是该基金会主席，父亲是副主席，他妻子是总监。同时，拉斐尔也时常关注着发生在家乡马纳科尔岛的种种不幸。2018年10月，暴雨和突如其来的洪水摧毁了巴利阿里群岛上的一个小镇——圣洛伦索-德尔卡德萨尔（Llorenc des Cardassar），造成13人死亡，数百家房屋和企业被水淹没，拉斐尔和志愿者花了几个小时帮助清理受灾区域。还在拉斐尔·纳达尔学院向那些无家可归者开放了临时避难场所，并通过基金会提供了上百万欧元的捐款。2020年，他和罗杰·费德勒、比尔·盖茨和美国脱口秀主持人特雷弗·诺亚一起，参加了

左图：2019年，拉斐尔在墨西哥坎昆市举行的纳达尔网球中心开幕式上

上图：最新的科威特纳达尔网球学院

右图：2016年，拉斐尔与罗杰·费德勒在纳达尔网球学院开幕仪式上

在开普敦举行的非洲表演赛，以帮助罗杰·费德勒基金会。

拉斐尔的大部分业务都一眼就能被认出，这归功于他用以营销的个人标志——两道对称闪电牛角，展现了貌似盛怒中的公牛般的狂野。

世界顶级球员都拥有着极具个性的logo，这是网球圈兴起的一股潮流。费德勒的标志辨识度也很高——是由姓名首字母组合而成的精美图案，低调和优雅，符合他的一贯风格。所以当他自信满满地迈入球场时，那身绣有logo的战袍，显得格外耀眼。

德约科维奇的标志相对更为复杂。像是希腊字母表首字母、中世纪塞尔维亚语的首字母与飞鸟图案的混搭，组合而成自己喜欢的，包含姓名首字母的符号。

安迪·穆雷的标志则是将名字的首字母与数字77结合，既借鉴了其名下公司的标识，又纪念了他在2013年成为温布尔登单打冠军，他是77年里首位夺冠的英格兰选手。

在这四个人的logo中，拉斐尔是唯一一个没有加入名字元素的，却生动地展现了他比赛时的活力和能量。

拉斐尔的商业帝国迅猛扩张，再加上誉满全球的体育成就，让他自己都不得不承认其家族被认为具备某些黑社会特性（当然都是在旁人眼里）。"纳达尔家族圈子的亲密程度，有种西西里岛的感觉。"约翰·卡林在《拉斐尔——我的故事》中写道："他们生活在一个地中海岛屿上，他们不仅仅是个家庭，更像是一个家族，既没干坏事也不带枪支的柯里昂家族或索普拉诺家族。他们操着只有岛民才会说的方言；他们盲目地彼此忠诚，所有事务只允许由家族人员来经手处理。"

塞巴斯蒂安常常津津乐道的是，对纳达尔家族而言，忠诚于家庭远胜于金钱。也许的确如此。然而，当一个家族足够有钱时，就没那么简单了。

一大笔的财富自然会产生可观的税款。与许多网球同行不同的是，拉斐尔从未被那些号称避税天堂的地方所吸引。在同道中，只能说他绝对是个异类。当本书成稿时，ATP世界排名前25位的同行，大部分都搬到了没有所得税或所得税很低的地区。选择完全不征收所得税的摩纳哥的球星包括：诺瓦克·德约科维奇、丹尼尔·梅德韦杰夫、斯特凡诺斯·齐齐帕斯、亚历山大·兹维列夫、马特奥·贝雷蒂尼、休伯特·胡尔卡兹、费利克斯·奥格·阿利亚西姆、扬尼克·辛纳和格里高·迪米特洛夫。

下图：2020年，在南非开普敦举行的慈善表演赛上

丹尼斯·沙波瓦洛夫选择去巴哈马，盖尔·孟菲尔斯在瑞士，丹·埃文斯则在迪拜，他们都规避了本国严苛的税收制度。

在西班牙，目前个人所得税最高税率为47%，虽然可能会让他牙关紧咬，但拉斐尔还是很乐意完税。"我是西班牙人，也很为此骄傲，"他在最近接受一家意大利报纸采访时说。"当然，在看见税单时，是有点不舒服。但我很幸运出生在这个优秀的国度，是它给予了我美好的生活。"

2017年，他详细地说明过税务状况："就资产管理而言，或许去另一个条件更优厚的国家更好，但在西班牙我很快乐，这里有我的家人和朋友。在另一个国家，可能钱会是现在的两倍，但幸福却会少去一半。钱是买不来幸福的。"

拉斐尔深知，搬去其他地方，离开心爱的马纳科尔，离开忠诚的家人和朋友，他会很痛苦。移民避税天堂，可能会为他节省数百万所得税，但精神状态会受影响，进而也会影响他的网球生涯，实则只会是得不偿失。

坐拥两个网球中心、两个网球学院，代言着运动服装品牌，与各大公司和商家进行合作，拉斐尔已经无须担忧会像过去一些过于高调的球员那样最终破产。但哪怕破产了，你也会觉得在海滩踢足球、喝可口可乐照样很开心。

"
费德勒之于纳达尔，正如右撇子之于左撇子，经典之于超现代，轻盈如猫之于强悍似牛，中欧式克制冷静细致之于伊比利亚式张狂和热烈，高雅的力道之于全无掩饰的残暴，宙斯之于赫拉克勒斯，不屈不挠的天才之于毫不妥协的意志，优雅之于粗犷，都会颜值之于阳刚肌肉，操多国语言的文雅绅士之于不折不扣的乡野型男，包机行者之于普通乘客，奔驰之于起亚。
"
——摘自《天才之击》，作者：L.乔恩·韦特海姆

比赛

温布尔登

2008 年 7 月 6 日

英国，伦敦，全英草地网球俱乐部

决赛：拉斐尔·纳达尔 vs. 罗杰·费德勒

拉斐尔·纳达尔 6：4、6：4、6：7、6：7、9：7 罗杰·费德勒

上 年温布尔登决赛输给罗杰·费德勒的悲怆场景还历历在目，但 2008 年 7 月 6 日拉斐尔重回全英俱乐部时他却已经下定决心，要以冠军身份来结束这一天。

尽管在这一年之前对阵费德勒的比赛里，他已经取得过三场胜利，但都是在红土球场得到的。来到草地球场，瑞士球员的球风更能让他占据明显的优势。然而一直到赛前热身时，都完全没有人能预测到，谁能在决赛中最终赢下这场心理大战。在这种顶尖级别的比赛中，谁有更强大的心理素质，往往就像拥有了一件更好的武器一样。

在那场决定性比赛前的几个小时里，拉斐尔一以贯之地进行各种赛前准备。那是一个周日的早晨，伦敦南郊淅沥沥地飘着些小雨，他上午 10 点 30 分来到全英俱乐部，与经纪人卡洛斯·科斯塔在俱乐部练习场上开始热身，中间被雨打断。简单用过午餐，吃了点加橄榄油和盐的意大利面，外加一小块鱼。然后去更衣室，冲了个冷水浴，他一直觉得这种有仪式感的行为能充分激发活力。因为脚伤未好，他注射了一支止痛剂。坐在 101 号储物柜前，拉斐尔给自己的球拍都缠上新的吸汗带，然后还请来理疗师为自己隐隐作痛的膝盖缠上绷带。此刻，费德勒也已经在仅几步之外的 66 号柜前了。

雨使这场决赛被短暂地延迟，当两位神情紧张的选手沿走廊和楼梯走进中心球场时，得到了看台上等待已久的观众既热情又嘈杂的一阵欢呼。

两位选手风格和举止迥异。尽管两人都系耐克公司所赞助，但两人的装束却形成了鲜明对比。费德勒，永远的绅士，外着一件经典羊毛开衫，左胸有醒目的 RF 字母图标。里面是一件同样经典的 POLO 衫。拉斐尔则穿一件带拉链的运动外套，里面是一件贴身无袖背心，下身是及膝长的运动短裤。唯一相同的装束是他们头上都戴着宽厚的白色头带。费德勒的头发随性散于头带上方，而拉斐尔的及肩长发则被牢牢地捆扎在头带里面。

费德勒赢得掷币首选权，选择了发球。在官方公布比赛时间延迟了35分钟后，14：35，瑞士卫冕冠军将一颗黄色的Slazenger球，抛向空中并用力击了出去。球擦网有进，需要重发。从费德勒自信满满的重新一发，看得出瑞士人颇具王者风范，拉斐尔勉强把球接发过网。然后，这异乎寻常的大满贯决赛第一分，双方竟打出了一波14拍回合，最终拉斐尔以一记势大力沉的正手击球，球深远地落到费德勒球场左后底线附近，赢得了这一分。尽管这只是整场比赛412分中的一分，却是这场史诗般的比赛的一个预兆。

接下来的比赛被众多网球专家认为，是温布尔登锦标赛144年以来最伟

下图：赞助商虽然都是耐克，却风格迥异

大的比赛，也是网球历史上最伟大的一场比赛。

就像所有绝顶精彩的比赛一样，比分往复交错、悬念交替，不断刺激着观众，看着场上选手拼尽全力，却始终无法猜出谁能成为这场比赛最后的胜者。

拉斐尔事后透露，他的战法非常简单：就是不断向费德勒反手施压，希望能"耗尽他的耐心，击溃他一贯从容的节奏，让他产生挫败感，从而逐渐让他失去信心"。

至少在最初两盘中，这一策略非常奏效。第一盘用时48分钟6:4获胜；第二盘也是，尽管曾一度1:4落后。马纳科尔人的战术中，还包括了极缓慢的发球节奏。据赛后分析，因为一系列发球习惯性和仪式性动作，他的平均发球时长间隔为30秒。让费德勒更难以容忍的是在第二盘里，发球时间甚至都超过了30秒。最终连主裁帕斯卡尔·玛丽亚都失去了耐心，对拉斐尔实施了发球违例判罚。

为了扭转场上的不利局面，卫冕冠军费德勒也调整了自己的节奏。这种变化在第三盘的第三局中出现转机，拉斐尔在一次转向时狼狈地滑倒。幸运的是，赛事医生迈克尔·诺沃特尼只简单处理了下右膝，就继续比赛。

最终打乱拉斐尔节奏的实际上是天气。在费德勒5:4领先时，天空瞬时乌云密布，还下起了大雨，球员被护送出球场。十年后的一部纪录片里，费德勒觉得正是靠这次的因雨暂停，让他重拾了信心和动力，及时驱散了已经逐渐显露的倦怠情绪。"花了两盘的时间我才找回了状态，我确信就是靠那次因雨暂停唤醒了我。我鼓励自己：'即便输，也要输得体面'。"

一个多小时之后，比赛重启，双方一直鏖战到平分后靠抢七决胜，这阶段费德勒占据上风。凭借高质量的快速发球和正手抽击，瑞士大师以一记Ace球结束了这盘比赛，7:5赢得了整场比赛中他的首盘胜利。

接下来又是费德勒最终拿下这盘，但这一次的抢七打得更是扣人心弦。费德勒力挽狂澜化解掉拉斐尔的两个冠军点，顽强地将比赛盘分扳回成2:2平。许多人都将第四盘的抢七与1980年在温布尔登上演的比约·博格和约翰·麦肯罗那一史上著名的抢七赛事相提并论。

19:53时，第五盘来到2:2，小分40:40时，雨再次粗暴地迫使比赛暂停。人们开始担心两人的比赛会不会因此被拖到第二天才结束。然而，半小时后，当天色渐渐黑下来时，比赛又重新开始了。

这场比赛的结局将注定会被永远铭记在体育史上。假如说第一次因雨暂停帮了费德勒的忙，第二轮的雨歇运气则倒向了拉斐尔。在7:7平局的关键时刻（温网决胜盘未采取抢七，而采用长盘决胜制），拉斐尔破掉了瑞士人强大的发球局。现场半数观众扯着嗓子高喊"罗杰！罗杰！"，另一半则大喊"拉斐尔！拉斐尔！"。拉斐尔在最后一刻终于爆发，保住了他在整场比赛所获得的第四个冠军点，以9:7取得了决胜盘的胜利，拿下了整场比赛。

最后一分，费德勒击球下网。球一掉网，另一边的拉斐尔已激动得倒向草坪，像惯常一样伸直四肢、仰面朝天。他终于打败了在温布尔登最强劲的对手。经过了4小时48分钟的苦战（这也创下当时温布尔登单打决赛用时最长纪录），两人都已身心俱疲。连一直声嘶力竭为他们加油的现场观众，都已经非常疲惫了。此刻已是17：16，谁也没有料想到会在球场坐到这么晚。

极度疲惫的纳达尔缓慢地翻爬进球员包厢，家人和朋友都在那里迎候着他，父母、叔叔、婶婶、朋友、职业高尔夫球手冈萨罗·费尔南德斯·卡斯塔尼奥和皇家马德里足球俱乐部的老板。在与他们拥抱之后，他拿了面西班牙国旗，穿过解说室平台，进入皇室包厢，西班牙王储菲利普和莱蒂齐亚公主向他表示了祝贺。

颁奖仪式是在数以千计的相机和手机的不断闪烁照亮的夜空中上演的。在新闻发布会上，拉斐尔总结了此刻的心情。"简直无法形容，不是吗？不知道该如何描绘，总之就是非常高兴。能在温布尔登夺冠，我感觉非常不可思议。这大概能算得上叫，嗯！梦想成真吧。我很小的时候就一直梦想着能在这里打球。现在不仅来了，还赢得了冠军，这感觉简直太棒了，不是吗？"

取胜后的西班牙人马上回到距全英俱乐部西边几十米的纽斯特德路的房间，换上晚宴礼服，匆匆赶去市中心参加庆功晚会。一直到凌晨4点，他才回到自己的房间。那一晚，他是搂着自己人生中首座温布尔登冠军奖杯安然入眠的。

纳达尔有样东西是
费德勒所缺乏的：胆
量。甚至觉得都不止
两个，而有三个。

——马茨·维兰德

盛怒的
公牛

在ATP巡回赛目前所有的顶尖球员中，拉斐尔拥有最为独特、极具侵略性和让人望而生畏的身体震慑力的球风。下面我们将拆解开每个动作构成元素，来分析这种打法奏效的原因。

正手

拉斐尔正手采用半西方式握拍（不是大多数人觉得的西方式握拍），因而当球触及拍面的一瞬间，拍面是斜对着地面的。拍头在身体前方开始用力上挥，划过脸部左侧，挥向身体后方，最后时刻拍面垂直地面。为了能击出超级力道的上旋球，整个身体仿佛成了根巨大的鞭子，依序释放着身体每一个发力的部位——先是腿部、臀部，接着是腰部、肩膀、手臂、手腕，以增强球每分钟的自转速度。拍头向前快速移动，穿越身体，触球瞬间身体释放开来，然后舒展地随挥拍绕向身体后侧，在左肩处最后结束整个动作。

他的正手还有个更让人恐惧的打法（一种能使人闻风丧胆的极致上旋球），即大家所熟知的套索式，或称马鞭式抽击。拉斐尔和教练曾把它命名为"纳达尔达"旋转。这一打法前期动作跟前面谈到的差不多，但触球后的随挥要高得多。事实上，在触球后，球拍是向上挥动的，掠过头部，绕过头顶，最后拍头朝向身后。这一系列动作（和骑手挥舞套索的样子很相似）简直惊世骇俗，肩关节和肘部的扭转程度几乎都超出了人的生理极限。

如果单以每分钟球的精确转速来看，他每次的抽击都不相同。有人估计3000来转/分，也有人说不止3000转/分。球的转数取决于多种因素，如天气条件、球场表面材质（不是在红土场时，正手的旋转就没那么强烈），或者想把球打到多深，以及有多少回球的准备时间。

曾有位网球教练深入分析过他的正手技术。来自旧

左图：2021年，法网展现了他标志性的性套索式正拍

金山的约翰·扬德尔运用高速摄像技术，测算出了拉斐尔套索式正手抽击的平均转数。在接受《纽约时报》采访时他说："我们测到一个纳达尔正手击球旋转达4900转／分……他的平均旋转速度是3200转／分。稍稍想一想，这个数字简直会使人大吃一惊。球在球员球拍间飞行一个回合，大致需要约一秒钟。这样算来，纳达尔的正手抽球，在抵达对手的球拍前会转动80周。"

拉斐尔将这种打法作为攻击的杀手锏，这招极为有效，特别是在红土球场。极端上旋意味着他可以更加充分地发力地抽球，这样既使球速更快，又能确保球的落点在界内。况且，在球触地后会突然加速弹起。如果对手稍一愣神，球就会跳起到对手头上方很高的位置。这意味着不给对手回球留出足够的准备时间。

拉斐尔是这样描述的："我试着把球击得很深，落地后又弹得很高。迫使我

的对手必须得进场内回球，但这样做风险很大。要么他就只能选择退出底线三米处去击球。因而他们的选择就只能是被动地防守，要么就冒风险进攻。"

拉斐尔的一个陪练曾将接这种正手击球的体验表述为"就像要让你手臂断掉了一样"。在《纽约时报》的采访中，美国教练罗伯特·兰斯多普描述了拉斐尔的套索式正手击球有多娴熟。"在球场任何位置，不管是什么样的来球，他都能这样打，而且还会赢。他用这种方式打斜线、打直线，打出他希望的任何线路。关键可能是从10岁他就用这种打法了。上帝保佑！没有人逼着他改变，或者指责他，'嘿，这种正手打法不对'。"

反手

通常而言，拉斐尔更喜欢反手的上旋。采用双手握拍，前期动作右手作为引导，由左手持拍于身体前方。随后引拍至身后，使拍面与地面呈水平，随即急速向前挥动球拍，通过双腿蹬转带动身体发力，在身体的前部抽击网球。随球收拍动作依然是用双手，一直绕到他身体后方右肩位置为止。

左图和下图：经测量，在极限情况下纳达尔正拍上旋球转速可达到每分钟4900转

其反手削球也同样凶悍。左手单手的削球，通常被他用来打乱比赛节奏、随球上网，或用于放小球直接得分的战法。

上图：2021 年法国网球公开赛上，展示反手击球随挥击动作

发球

早期，发球曾经是拉斐尔武器库中最弱的一环，他坦承自己很多时候球速都比对手慢。当你想到他还有双手同利的问题时，就不足为奇了。随着他职业生涯的发展，Ace 球和发球直接得分越来越多，发球也成为一项制胜法宝。一发他通常是采用侧旋（尤其是从左区发球时，当然偶尔也会用平击），现在

发球速度一般在120mph以上。整个ATP巡回赛职业生涯中，他已经轰出约3700多记Ace球——硬地2160记，红土场950记，草地球场600记。

他的二发，无论上旋或者侧旋，速度都较慢，但也更为保险。2019年的一项对ATP球员二发速度的测试表明，拉斐尔二发平均速度为96.4mph，还略高于德约科维奇和费德勒。有趣的是，在这项研究中，拉斐尔的二发胜球率高于这一年排名前十的所有球员，自然也领先于德约科维奇和费德勒了。

作为左手持拍球员，拉斐尔在球场左区向右手持拍对手发球时（在他看来就是右手球场），优势最为明显，因为可以用一记角度很大的外角发球，让球弹出边线，把对手拉出场外。如果加上强烈的上旋，球会弹得很高，这种球对右手持拍球员的接发是巨大的挑战。多年来费德勒就一直苦苦挣扎于拉斐尔这种左区强旋转大角度外角发球中。

发球准备时，拉斐尔用一种叫作"并步式"的发球姿势，球拍被引到背后的同时，他的后脚会向前并步靠拢。

前罗兰·加洛斯决赛选手亚历克斯·克雷特加分析了拉斐尔的发球，对比他职业生涯早期和现在发球动作的变化发现，关键在于拉斐尔在发球时已不像以前那样有曲膝动作了，而是采用直立的站姿，这使他发完球后，能迅速地来到接下来的击球位置，为下一拍做好准备。触球的瞬间，也能把球拍挥得更高，手腕打得更开，发球速度也就能更快了。

ATP巡回赛技术官员克雷格·沙涅希详细地分析了拉斐尔的发球技术。在对2019年赛季情况分析后发现：在首个发球局里，大多数的一发（62%）会发向中区T点位置，25%会发向外角，有13%会是追身球。"这里的考虑应该是，先确保以最有把握的发球得到第一分，15∶0之后再逐渐施压，"克雷格·沙涅希说。

15平时，办法也差不多，51%一发落在T点附近，36%在外角，13%追身。然而，假如是处于30∶0领先时，他会给自己点喘息，容许发挥更多的想象力，改为大部分球（52%）会发到外角，42%发T点，追身就只占6%了。反之，在0∶30落后时，他会非常谨慎，让49%的发球发向外角，37%落到T点，15%是追身球。

身心游戏

　　场上的拉斐尔基本是以先来一阵狂抽，再伺机给对手致命一击的方式赢得比赛的。他曾解释道："场上我必须确保大力的底线击球，"他说，"我不希望靠着发球和网前，或是Ace球来得分。大家都需要明白，我在场上就是控制好节奏全力击球，在确保不失误的情况下，尽可能打出更深更远的回球"。

为了让这种消耗型的战术奏效，他需要保持迅捷的移动并精准到达击球位置。实际上他已将这些都演绎成一种美轮美奂的球场艺术了。

然而，如果没有精神力量支撑，身体较量就作用有限。德约科维奇对对手所具备的强大精神和强壮身体的完美结合极尽美誉。他曾说："拉斐尔是巡回赛中体格最健壮的，精神上也有令人难以置信的专注力，无论是温布尔登决赛，还是普通锦标赛的初轮，他自始至终都能全神贯注。"

前法国戴维斯杯队长盖伊·福格特解释得更好："纳达尔真有股倔强之气。做任何事都意志坚毅。即便遭遇到困境，甚至顶着脚上的大水泡参赛也能扛住。他是个防守怪物。在你以为这颗球他应该接不起来时，他可能已奔至底线后五米远的广告栏处，想办法把球回了过来。以至于所有人都惊诧于他是如何做到这一切的。"

发力时的嘶吼

拉斐尔不是第一个在击球时会大声吼叫的球员，也不可能是最后一个。20世纪70年代有吉米·康纳斯，到20世纪90年代有莫妮卡·塞勒斯，一直到现在的威廉姆斯姐妹、玛丽亚·莎拉波娃、维多利亚·阿扎伦卡（外号"尖叫的维卡"）、安迪·穆雷和诺瓦克·德约科维奇，许多的球员比赛时都会发出高分贝的嘶吼或尖叫。与之相比，拉斐尔只能是小巫见大巫。

左图：2019年法网，覆盖全场的快速移动

右图：2017年，纳达尔在法网赛场上的极速反应

有些人无法理解我的比赛。因为我的防守不错，他们认为如果减慢场上节奏会更好点。但其实节奏越快，于我越有利。我拉出的上旋球能给对手造成更大的威胁，进攻性的打法也更为奏效。

——拉斐尔·纳达尔

这个习惯被他明智地保留了下来。专家确认，一个人击球时发出吼叫是能使每次击打额外增加点力量的。这种吼叫可以使球员的场上表现更加笃定。美国资深教练尼克·波利泰尼称，吼叫使球员释放掉了"心理和生理上的紧张感"。此外，还有个好处是当球员击球时，有经验的球手本可以通过球和拍子的撞击声来预判球速和落点深度，而吼叫却掩盖了这声音，使对手处于一种茫然的被动中。

拉斐尔的球拍

拉斐尔8岁起就一直用百保力球拍。多年里也只是升级了系列而已。他年少时喜欢较轻的Soft Drive系列，后来升级为Pure Drive系列。2004年后，他开始使用全新的Aero系列。"这款是为旋转球而专门设计的，"芭芭拉公司称。"它的空气动力学设计增加了拍头速度，能使球每分钟转数更高。事实证明，Aero极其适合纳达尔，能助他的超级上旋称霸整个网坛。"

拍线在拉斐尔的上旋球中也起着至关重要的作用。在他的职业生涯里，有时会用到Luxilon Big Banger球线，2009年底，他开始使用八角棱形（而不是通常的圆柱形）球线，被称为黑八角硬线的Babolat RPM Blast。制造商解释说："外表层的硅套能使球线抓球能力更强，能产生更好的弹跳和旋转。"在拉斐尔答应试打这款线时，所有人都屏声静气。15分钟后，他给出了意见："还行。"几天后，教练托尼·纳达尔给这家公司的研发部门留言："这球线确实不错。给我们更多吧！"

2011年，当开始采用近场击球站位时（一种更靠近底线附近的站位），他要求芭芭拉公司增加拍头顶部的重量，以便击球时制造出更快的拍头速度。"定制团队为拍框顶部增加了块配重贴，来增强击球的力量，"芭芭拉公司解释说。"球拍因而增重了三克，幅度已经够大了。"然而，2016年时，他在这基础上又增加了两克。

拉斐尔使用的最新版Aero系列是百保力Pure Aero RAFA系列。纪尧姆·康朋是百保力公司负责球拍研发的一名技术人员，他说："除了拍框顶部额外的配重贴，他使用的球拍几乎无须另外改制"。让－克里斯托弗·维尔伯格是百保力公司的体育营销总监，他说一年会交付拉斐尔四批新拍，每次六到八块。

需要说明一下，顶级球员所用球拍和市面上能买到的（即使是型号相同）球拍都不一样。几乎每位球员都有自己的专属定制款。完全不能想象一个顶尖球员会操着从网上或街边体育用品商店里购买来的拍子，还自顾自地带着

上图：跟所有职业球员一样，纳达尔会定制所用的球拍，要求特定拍线、规格、穿线方式和磅数；增加拍重以改变击球的平衡和速度；特制手把和握柄

左图：为纳达尔的球拍穿线。

它进到赛场。就像赛车，每个细节都需打造到最完美。有些球员甚至张冠李戴地用球拍赞助商logo，贴标到自己用习惯的另一个品牌的球拍上。（千万别误解成拉斐尔会这样做。）

拍线是最受重视的点。几乎所有国家售卖球拍（英国除外，也不懂是什么状况）都不带拍线的，球员能根据爱好选择自己的拍线和穿线方式。职业顶尖球员们对穿线要求极为严苛，需要由具备丰富经验的穿线师，选择特定材料和规格的拍线，以独特方法和磅数完成穿线。

相当多的球员会像拉斐尔一样在拍框上用配重贴，用以调校球拍重量、平衡和拍头速度。还有的甚至将拍柄底盖打开，加入铅、硅胶脂或环氧树脂等材料，想方设法增加其重量。

职业球员所用球拍拍柄也通常和市面上所看到的完全不同。职业选手对握拍手感要求极为细腻，例如他们会要求技师改变握柄的斜面比例，甚至改变握柄长度。

拉斐尔的场上武器到底是怎样的真容呢？要看你信谁了。百保力公司称他所用的是Babolat Pure Aero RAFA系列。但很多专家却觉得，他用的实际是更重和拍面更小的，叫作Babolat AeroPro Drive Original的一款。

乔纳森·哈德森是互联网上网球杂志perfect·tennis.com的编辑。据他分析，拉斐尔当前使用的球拍：拍长27英寸，拍面100平方英寸，穿线后重量343克（比费德勒和德约科维奇的都略轻），穿线方式16×19，拍柄4.25英寸（也就是通常的L2号），拍柄内层裹Babolat Syntec Pro Black底带，外面裹薄型白色Babolat VS Original汗带。

拉斐尔的拍柄尺寸不大，其实他手并不小。他自己解释，是因为小的拍柄能使他拉出更为强劲的上旋球。在接受GQ杂志采访时他说："我喜欢拍柄小点，这样能让手对拍子的操控更为自如。比起拍柄大的球拍，拍柄小点才能打出更旋转的球。"

至于拍线的选择，哈德森说，拉斐尔使用百保力黑八角硬线，规格15lgauge/1.35mm，通常都以每平方英寸55磅的磅数穿线。"2016年年初，为获得更大的力量，纳达尔曾短暂改用过Luxilon Big Banger Original 130拍线，"他补充说："虽然这个系列的拍线确实能提供更强的力量，但纳达尔感到控制力稍差，球线容易走形（拍线间距增大），没过多久就重新用回了

右图：鉴于手大，纳达尔比较喜欢较细的握柄，这样利于他拉出更多的上旋

芭芭拉黑八角硬线。"

　　有趣的是，你可能永远没机会看拉斐尔负气摔拍或砸拍的情况。"因为从小就被教育过任何情况下都别轻言放弃，"他曾解释道。"错在自己，不怪球拍。"

　　西班牙作者海梅·普约尔·加尔塞恩和马内尔·塞纳斯在其《拉斐尔·纳达尔：红土场上的大师》一书中提到了拉斐尔的自律。他们写道："纳达尔从来不会因愤怒以摔砸球拍来发泄情绪。未有过任何不得体语言，也未对对手做出过不礼貌手势。他在球场上总是表现出某种敬畏。当然，他也时常跳起来、做出胜利手势、挥舞握紧的拳头，但那都是在给自己鼓劲加油，或者面向家人和朋友释放情绪，绝非羞辱对手。托尼要求他在每场赛事结束后无论胜负都得有礼貌地和对手互道祝贺。这成为他巡回赛历程中从未忘记过的彬彬有礼"。

拉斐尔的后援团队

　　27年来，拉斐尔和托尼叔叔彼此形影不离，已经成为网球圈最知名的二人组之一。然而，假设打破这层关系，将会变得怎样呢？

　　两人最终会演变成一种爱恨交织的关系。拉斐尔对叔叔一直有种近乎于顶礼膜拜式的敬仰。小时候，他认为托尼具备超人的能力。托尼曾经告诉小拉斐尔，自己曾赢得过环法自行车赛，踢过AC米兰的中锋，自己还有种能呼风唤雨的超自然能力。拉斐尔给叔叔起了个绰号"Mago"，魔术师的意思。

与此同时，拉斐尔却常常抱怨叔叔"脾气暴躁'还'爱吵人"。托尼的执教方式近乎残忍。例如，叔侄俩进行对练时，约定谁先得20分谁胜。托尼会让他先取得19分，然后再加劲翻转过去，以20：19把他轰趴下。

托尼年轻时只参加过国内的比赛，从未参加过国际性赛事，但他对如何培养出少年球员的看法既极端又独到，那就是任何情况下都拒绝纵容。

2017年托尼辞去了拉斐尔的教练一职。两个一直形影不离的组合，最终分道扬镳让人惊奇。在托尼毫无征兆地宣称要停止与侄子合作时，意大利记者洛伦佐·卡扎尼加正好在托尼身边。

"2017年2月，我在布达佩斯采写一位韩国球员，"卡扎尼加回忆道，"正好托尼·纳达尔也在布达佩斯，参加一个网球教练会议，所以我寻机也采访到了他。"

在谈话的过程中，托尼抛出了颗重磅炸弹。他告诉卡扎尼加，下一年他会停止执教拉斐尔，改去纳达尔网球学院工作。

"我说，'等等！你知道谈话是被录音了的吗？'"卡扎尼加回忆说。"托尼说，'是的，我知道'，仿佛与侄子合作了27年后，分道扬镳是一件再普通不过的事儿了。我三次和他确认，他是否同意把这件事公之于众，他都肯定地回答道：是的！"

可以理解的是，卡扎尼加认为拉斐尔肯定是知道托尼的这个决定了，因而他直接在网站TennisItaliano.it上发布了这一消息。以下便是托尼接受采访时

左下图：纳达尔和叔叔托尼以球员和教练身份合作了27年——一对形影不离的二人组

右下图：2017年，法网上托尼手捧纳达尔的奖杯

的译文。

"拉斐尔从来就没有为任何事情与我发生过争执。在17岁之前，所有的一切都由我说了算。后来经纪人卡洛斯·科斯塔出现了，他父亲也越走越近，他们每个人都存在各自的看法。事实上，随着时间的推移，我能决定的事情就越来越少了，这样下去可能有一天我就啥事都决定不了了。"

第二天，全球媒体都报道了这一消息，《纽约时报》、*El Pais*、*L'Equipe*……地球上几乎所有的主流纸媒和网站都在转发。

但事实上，拉斐尔还根本不知道叔叔已经打算停止两人之间的合作关系了。随即，卡扎尼加就接到了拉斐尔公关主管的电话，提出想听听原始的采访录音。卡扎尼加解释说，他原以为拉斐尔和托尼应该就合作终止达成了一致意见，完全无意于抛出这颗重磅炸弹。

即使到目前，卡扎尼加仍难以理解，公之于众之前，托尼为啥没提前告知侄子他的这个决定。或许他以为是拉斐尔内心想停止这种合作关系，但可能碍于亲情无法开口解雇叔叔。毕竟从四岁起，两人就一直在一起。出于保护侄子，不让其为难，托尼抢先公布了这个决定。实际上，我觉得是托尼主动替拉斐尔做了决定，使他免于陷入两难的境地。

随着托尼出局，拉斐尔的主教练变为同为马纳科尔老乡的卡洛斯·莫亚。从拉斐尔转职业后，就一直在跟他练球。20世纪90年代和21世纪初，卡洛斯·莫亚也曾是非常有天赋的球员，1998年赢得过法国网球公开赛，一年后他还曾登顶过令人神往的世界排名冠军。

除了罗兰·加洛斯，他曾在ATP巡回赛中拿到19个单打桂冠，包括三座大师赛冠军奖杯。

拉斐尔的助理教练是弗朗西斯·罗伊格，托尼执教的这些年来他一直担任着这个角色。在20世纪八九十年代的网球界，罗伊格也曾是一把好手，职业生涯最好成绩是双打世界排名23位，单打排名第60位。

托尼执教期间，通过强大的全球体育赛事和娱乐经纪公司IMG招募卡洛斯·科斯塔成为拉斐尔的经纪人。如今，科斯塔仍然担任这一角色，只不过是以独立经纪人身份，这能为纳达尔家族节省些代理费用。

托尼执教时期后援团队留下来另外两个关键成员，分别是医生安吉尔·鲁伊斯·科托罗（Angel Ruiz Cotorro，14岁起就开始为他治疗）和公关主管贝尼托·佩雷兹·巴巴迪略（Benito Pérez Barbadillo，他"性格傲慢、思维敏捷、爱说笑话"）。还有体能训练师胡安·福卡德斯（Joan Forcades），尽管来到职业生涯的后期，拉斐尔对他协助的要求也在日渐减少。

团队里还有位成员，或许比所有人加起来还更显得重要，那就是物理治疗师拉斐尔·马伊莫，也称蒂廷。马伊莫不仅负责拉斐尔的身体状况，还是集理疗、心理医生、知己、得力助手和倾诉对象于一体的神奇存在。随着拉斐尔逐渐走向职业生涯的尾声，最需要关注的不是赛场技术和战法，而是身心的健康。马伊莫扮演的角色就充分地兼顾了这两方面。

卡扎尼加是这样表述蒂廷之作用的："他对拉斐尔的职业生涯极为重要。作为最好的朋友之一，他是唯一一个整个职业生涯和所有比赛中一直在他身边的那个人。托尼有时可能无法去到某项赛事；卡洛斯·莫亚有时也可能无法到场。但马伊莫却从未缺席。他比任何人都更了解拉斐尔，超过了托尼。当拉斐尔遇到一些个人问题时，不会去找托尼，而会找马伊莫，以至于拉斐尔父亲需要询问拉斐尔的情况时他也会找马伊莫而不是托尼。马伊莫对拉斐尔的熟知，甚至超过了他妻子。"

拉斐尔也证实了两人的这种亲密无间。在自传《拉斐尔——我的故事》中他写道："如果蒂廷离开了团队，我会顿觉孤立无助。如果他去到另外的地方，几乎就完全找不到一个人能填补他所留下的这场基于友情的空缺。他不光是一个非常好的人，而且始终如一地坦诚。如果他觉得需要对你说点啥，他一定会非常直白地告诉你。"

拉斐尔的健身体系

拉斐尔在球场上和健身房里的训练细节都是被严格保密的。正如《华尔街日报》曾经谈到的那样，"纳达尔团队认为，透露任何可能于对手有用的秘密，绝没有任何好处"。

很显然，为了能应对赛场上的高强度对抗，拉斐尔多年来一直在努力增强自己的肌肉。这只需看看他肌肉强健的身材就足以证明。

他曾透露："十六七岁时，我曾用过一种带滑轮的机械设备，这种东西原来是为帮助宇航员在失重状态下防止肌肉萎缩而设计的。我锻炼手臂和腿部的肌肉，尤其是手臂肌肉，我必须依靠它来加快球速。这是在比赛中能打出比其

他球员更多旋转的主要原因。"

这种上旋球会对拉斐尔的左臂造成严重伤害，特别是对左肩关节肌群。出于这个因素，拉斐尔靠更努力地训练来确保身体这些重要部位的良好状态。

他声称与其他顶级球员相比，所进行的跑步训练要少得多，因为他觉得过多的跑步训练会使已饱受折磨的身体增加更多的压力。之前健身教练曾解释，他所进行的大部分跑步训练主要涵盖短距离的冲刺，以便提升他在赛场上的速度和折返跑爆发力。

泳池里的水中训练，可以降低对肌肉和关节的影响，是他最为喜爱的训练。有一种被叫作"博苏板"（或"摆动板"）的装置，可以用作进行步法训练，以保持在跑动中的平衡。每次训练前后都会有大量拉伸运动。和许多球员一样，拉斐尔在大运动量训练（包括比赛）后会用冰浴来减少炎症的发生，为下一轮身体再次爆发做好准备。

拉斐尔的伤病

攻击型网球打法久而久之是肯定会造成严重身体伤害的。拉斐尔为此付出的代价几乎超越了所有球员。（在第151页，列出了他职业生涯里所有的伤病记录，妥妥的一部悲壮荣耀史。）他蛮横、近乎狂暴的比赛风格——球场上狂奔、折返、冲刺、急停、急转，都会给可怜的身体带来难以想象的折损。职

左图：2014年，巴塞罗那公开赛上，纳达尔亲友团在观众席上观看比赛。上排（由左至右）依次为耐克的乔迪·罗伯特、父亲塞巴斯蒂安、经纪人卡洛斯·科斯塔。下排（由左至右）依次是助理教练弗朗西斯·罗伊格、物理治疗师拉斐尔·马伊莫、教练托尼叔叔

右图：昔日与卡洛斯　莫亚的合影，此刻这位马略卡老乡还未成为他的教练

业生涯能坚持到现在，对他而言简直就是奇迹。

早在21世纪头几年，同为球员的安德烈·阿加西就曾预警过他的身体很快就会出现问题，"纳达尔正透支自己的身体，但愿他的身体还能承受得了。"他说："他的每一分都拼尽了全力，我们只能希望他身体能挺住，但对身体的磨损和伤病肯定是跑不掉了。希望他能拥有更长久的职业生涯，这不仅仅取决于他能做到什么，更取决于身体能否允许他一直这样做。"

所有的职业球员都注定会在某个阶段遭受伤病之痛。勤奋的球员每年可能会参加多达30场的比赛，周而复始的剧烈冲击、日积月累的陈旧伤病都同

左上图：2021年法网，纳达尔与物理治疗师、至交密友拉斐尔·马伊莫

右上图：庆祝2005年加拿大比赛获胜

左图：2017年，法网赛前热身

伤病

考虑到他在球场上承受的压力，伤病经常让拉法缺席也就不足为奇了。

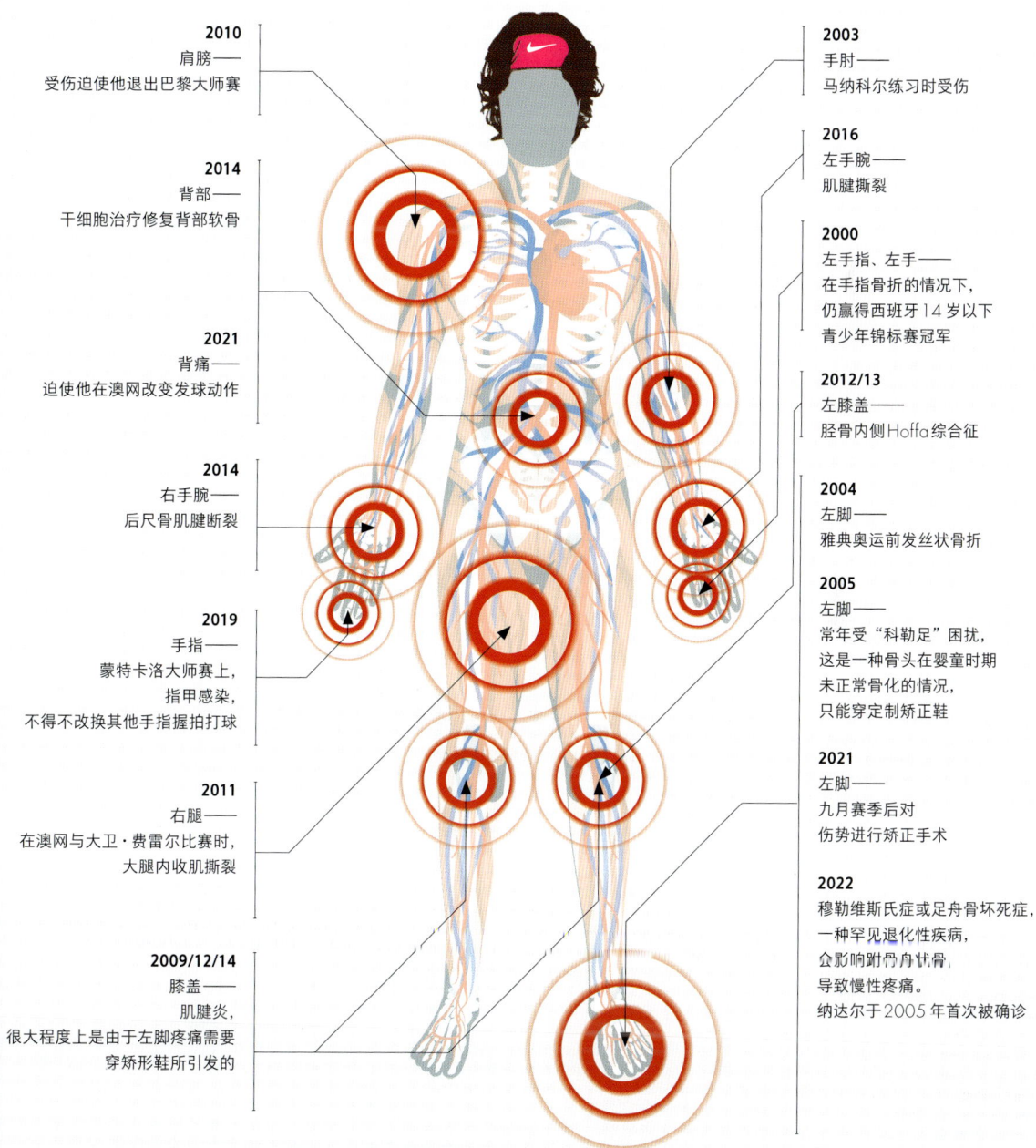

2010
肩膀——
受伤迫使他退出巴黎大师赛

2014
背部——
干细胞治疗修复背部软骨

2021
背痛——
迫使他在澳网改变发球动作

2014
右手腕——
后尺骨肌腱断裂

2019
手指——
蒙特卡洛大师赛上，
指甲感染，
不得不改换其他手指握拍打球

2011
右腿——
在澳网与大卫·费雷尔比赛时，
大腿内收肌撕裂

2009/12/14
膝盖——
肌腱炎，
很大程度上是由于左脚疼痛需要
穿矫形鞋所引发的

2003
手肘——
马纳科尔练习时受伤

2016
左手腕——
肌腱撕裂

2000
左手指、左手——
在手指骨折的情况下，
仍赢得西班牙 14 岁以下
青少年锦标赛冠军

2012/13
左膝盖——
胫骨内侧 Hoffa 综合征

2004
左脚——
雅典奥运前发丝状骨折

2005
左脚——
常年受"科勒足"困扰，
这是一种骨头在婴童时期
未正常骨化的情况，
只能穿定制矫正鞋

2021
左脚——
九月赛季后对
伤势进行矫正手术

2022
穆勒维斯氏症或足舟骨坏死症，
一种罕见退化性疾病，
仅影响对应舟状骨，
导致慢性疼痛。
纳达尔于 2005 年首次被确诊

时作用于身体。当然，他们可以聘请地球上最好的物理治疗师来帮忙，但在如此过度强烈的磨损和消耗下终究得付出代价。

拉斐尔的重大伤病第一次出现是在他的左脚。这始于 2004 年，因为应力性骨折迫使他错过了当年大部分红土赛季，包括罗兰·加洛斯。第二年他左脚旧伤复发，情况就更为糟糕。拉斐尔的医生安吉尔·科托罗已经无法给他进行满意的诊治，他咨询了马德里的一位专家。结果是拉斐尔患有一种先天性足部病症，是源于脚部一小块骨头（跗骨舟状骨）童年时就发育不全，未能正常骨化所致。经过这些年的网球运动，骨头产生变形增大，并随时可能骨裂，因而出现了极度的疼痛。

之后，拉斐尔还被告知了一个更糟糕的消息：专家告诉他，他可能会因此再也无法从事网球竞技了。拉斐尔顿感崩溃，嚎啕大哭，就仿佛生命就此终结一样。

幸运的是，拉斐尔得到了来自家人一如既往的鼓励和支持，他们团结一心。托尼鼓励他继续训练，尽管他已经不得不坐椅子或拄拐杖上场打球。拉斐尔的父亲依然乐观地确信能找到一个好的解决方案。

结果在马德里的专家指导下，球鞋赞助商耐克公司成功地为拉斐尔研制了一款专用球鞋，鞋底应用一种特殊缓冲垫，用以护住受损骨头。为了适应新鞋，他还不得不调整了一些击球方式，好在最终奏效了。"虽然还时不时有些疼痛，但已经可以忍受了。"他后来解释道，"我们只能靠装备来与之抗争，因为除了抗争，就再没有其他捷径了。"

这整个过程使拉斐尔对自己的职业生涯有了全新的认识。在经历过所热爱网球事业差点濒临绝境之后，他决心把每场赛事都当作最后一场来对待。

左脚还不是他的唯一伤病。很多年来累积成的旧伤包括腿、肩、膝盖、手腕、臀部、背部和手指。那双特制的球鞋实际上会让膝盖更容易受伤，但他需要这双鞋来比赛。在本书编写时，拉斐尔正因脚伤复发，被迫提前结束了2021 年赛季。

"一年里我一直承受着比能想象的多得多的脚伤，我需要花些时间……去找到解决问题的办法，或者至少能做些改善，这样在接下去的几年里才可能具备选择的余地。我觉得脚伤的恢复，还得借助非常重要的日常训练……这最终是可以做到的。我将竭尽全力，使之成为现实。"

右页左上图：2019年，纳达尔带膝伤参加印第安维尔斯大师赛

右页右上图：2019年温网，纳达尔与医生安吉尔·鲁伊斯·科托罗

右页左下图：2019年澳网，纳达尔受常年脚伤影响而失利

右页右下图：2010年温网，纳达尔承受手肘受伤的痛苦

兴奋剂指控

    2000 年 4 月到 6 月间，西班牙警方展开了被称为"港口行动"的网上行动，主要针对几个顶尖自行车选手和所在车队涉嫌使用兴奋剂展开调查。一阵忙乱之后，某欧洲报纸宣称，涉嫌此次丑闻的主角欧费米亚诺·富恩特斯医生（最后洗脱了所有指控）掌握有包含拉斐尔·纳达尔在内的涉事客户名单。

    由于没有找到任何不利于他的证据，拉斐尔立即提出了抗议，坚称自己是清白的，否认以任何方式服用过兴奋剂。不幸的是，怀疑的种子却从此被埋下，随后的几年中，一些球员四处散布谣言，称他服用了能提升运动能力的

药物。一位有影响力的法国政治家——法国卫生和体育部长罗丝琳·巴舍洛更过分。2016年，在一次电视采访节目中，她公开指责拉斐尔使用了兴奋剂。闻讯之后拉斐尔立即以诽谤罪起诉她，称其言论损害了他的形象，还获得了12,000欧元赔偿，他随即将这笔钱捐给了慈善机构。

拉斐尔在法院裁决后说："这不仅是在捍卫我的人品，捍卫我作为运动员的形象，更是在捍卫我整个职业生涯中一直坚守和尊崇的价值观。我再不希望看到任何公众人物，在没有任何证据或事实依据的情况下，利用媒体对运动员进行侮辱性或无依据的指控，还不用承担法律后果。"

有一点需特别强调：从来没有丝毫的证据，表明拉斐尔服用过兴奋剂。他一直在捍卫自己的清白。"绝对没有服用过兴奋剂，"他在接受《洛杉矶时报》采访时说："在整个职业生涯里，我都很努力，如果受伤了，我就是受伤了。也从来没有为了更快恢复而采取任何不当的办法。而且这类事对我从不具备任何的诱惑。我笃信这项运动以及这项运动所推崇的价值观。这是做给后来者的一个榜样。假如违背了这一点，我就是在欺骗自己，而不是在欺骗对手。"

网球反兴奋剂检测项目是在国际网球联合会监督下，针对网球选手是否服用提高运动能力的药物进行的检测。所有网球精英级别球员，包括参加大满贯、ATP巡回赛、WTA巡回赛和奥运会网球项目的球员，都要接受此项检测。球员有义务在任何时候，无论是比赛期间还是非比赛期间，必须接受在未提前告知的情况下进行的尿液或血液检测。此外，世界排名前100位球员在非赛事期间必须每天向检测员通报行踪。大多数年份里，只有极少数球员会被检测出违反了兴奋剂条例。

> 的确，在我的整个职业生涯中，我经历了一些艰难的处境。但凭借积极的态度和身边恰当的人的支持——他们是关键——我找到了继续前进的方法。
——拉斐尔·纳达尔

2020年（本书编写期间）最新的数据显示，拉斐尔已经被检测了12次——4次在比赛期间，8次在非比赛期间。这比往年都要少，原因是疫情迫使很多赛事被取消。而2019年，他就接受了29次之多；在2018年，也达20次。在整个职业生涯里，他就没有过被检测出非法物质呈阳性的记录。然而悲哀的是，拉斐尔这个名字却曾经被人与兴奋剂联系在了一起（发生这种毫无依据的事，让人感觉极不公平）。

奥运会纪录

拉法赢得过单打和双打金牌。他是20大满贯俱乐部中最成功的：罗杰·费德勒获得单打银牌，诺瓦克·德约科维奇获得铜牌

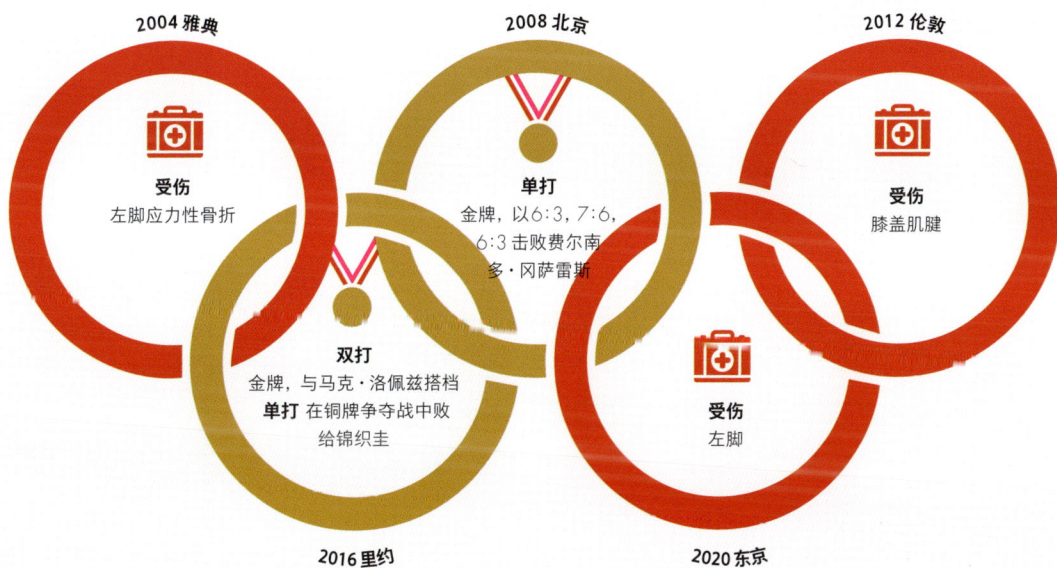

2004 雅典

受伤
左脚应力性骨折

2008 北京

单打
金牌，以6:3, 7:6, 6:3击败费尔南多·冈萨雷斯

2012 伦敦

受伤
膝盖肌腱

2016 里约

双打
金牌，与马克·洛佩兹搭档
单打 在铜牌争夺战中败给锦织圭

2020 东京

受伤
左脚

比赛

北京奥林匹克运动会

2008 年 8 月 17 日

中国，北京，奥林匹克公园网球中心

决赛：拉斐尔·纳达尔 vs. 费尔南多·冈萨雷斯

拉斐尔·纳达尔 6：3、7：6、6：3 费尔南多·冈萨雷斯

奥运会赛场很少能出现高水准网球比赛。只是在选手们想要获取所谓的金满贯时（即四大满贯的单打冠军，加同年的奥运单打金牌），才可能有机会观赏到真正让人心潮澎湃的比赛。自然这种机会四年一回，这就使比赛有了一种特殊意义。

拉斐尔之前没有机会能拿到金满贯。迄今为止也只有两位球员获得过，那是斯特菲·格拉芙和她老公安德烈·阿加西。拉斐尔都还没能在一年内连续赢得四大满贯（这也被称为"年度大满贯"）。这并非他不够努力，在 2010 年只差一点，那一年里他是三项大满贯赛冠军——罗兰·加洛斯、温布尔登和美国网球公开赛。

不仅如此，2008 年奥运会这枚金牌更值得特别一提的是，依靠这场比赛获得的积分，拉斐尔终结了费德勒连续四年半世界排名第一的网坛霸主地位。

2008 年 8 月的那个炎热日子里，北京奥林匹克公园网球中心绿色主赛场上 2 号种子拉斐尔对阵智利 12 号种子费尔南多·冈萨雷斯的比赛即将开始，场上冈萨雷斯表现得似乎更加充满信心，从官方记录来看，他已经赢得之前两人的两场硬地对决。晋级过程中，虽然二人也都各自取得了骄人的战绩。然而冈萨雷斯决赛之旅可说是一帆风顺，所向披靡到半决赛，在面对美国人詹姆斯·布雷克时才丢失了一盘，关键性的第三盘打到了 11：9 取胜对手晋级到决赛。与此相对应的是，过度紧张的拉斐尔在首场开幕赛便丢掉了一盘，半决赛对德约科维奇时又丢了一盘。

拉斐尔身着白色五分裤，深橘色无袖上衣（左胸是面小小的西班牙国旗），头缠浅橘色头巾，膝盖都缠着绷带。比赛是以残暴的"拉斐尔式"风格开赛

的。开场一发直落T区附近，紧接着是一记凶悍的正手回击，直取冈萨雷斯的
接发球。智利人穿着相对保守的黑白色球服，给人略显拘谨的感觉。然而他却
是位公认的拥有最具杀伤力正手的球员之一……并且偶尔会爆发出巨大的威
力和作用。但这个特殊日子里，正手明显发挥得不充分。对于拉斐尔来说，正
像他所有的对手都知道的一样，一旦你盔甲露出一丝细微的破绽被他抓住，他
会立刻毫不留情地撕碎它。

　　第一盘中，拉斐尔取得了3∶0领先，最终6∶3获胜。值得关注的是在第二
盘，冈萨雷斯以一记漂亮的、无法回击的制胜侧身正手，将球打向对方左发球
区，获得了两个盘末点。然而，他千辛万苦赢得的两个盘末点却被轻易地浪费
掉了：第一个是过于轻率的网前截击出界，第二个是正手击球挂网。

　　两个失误让冈萨雷斯愈加紧张起来，进入抢七后的三次正手失误，让西班
牙人最终以7∶2大比分又取胜了第二盘。

　　那之后拉斐尔就处于主导地位，在第三盘的第四局里连下4分，40∶0强势完
成破发，以3∶1领先比赛。冈萨雷斯奋力抵抗，两位选手的鞋子与丙烯酸树脂球
场摩擦，发出的嘎吱声越来越响。冈萨雷斯的所有抵抗仿佛只是为了拖延比赛而
已，他的对手以6∶3终止了这一切，取得了比赛的胜利，赢得了一枚奥运金牌。

在随后的颁奖仪式上，拉斐尔穿着不甚合体的西班牙队服，从同胞胡安·安东尼奥·萨马兰奇手中接过金牌。银牌得主是冈萨雷斯。铜牌则归属德约科维奇，他在铜牌争夺战中击败了詹姆斯·布雷克。嗯嗯，没错！拉斐尔又用牙咬了咬这枚金牌，就像每次赢取冠军后都会去咬一口一样。然后他身披一面西班牙国旗，让摄影师们一阵狂拍。

"我知道得这个冠军有多难，特别是奥运赛场，因为四年才会有一次机会，"在赛后的新闻发布会上他说。"虽然在网球界，大家觉得大满贯赛事比奥运比赛要重要些。但奥运会每四年才能有一次机会。关键在于这次获胜让人觉得是为整个国家赢得了金牌。这感觉很特别，对吗？这是为很多人赢得了荣誉，而不是仅仅为我个人。"

之后他重新评估了此次胜利的重要性。"能加入西班牙体育奥林匹克大家庭，这是种荣耀。"他说："奥运会期间的经历令人难忘，这是在巡回赛甚至大满贯比赛中无法体验到的。那段经历将成为我生命里最美好的回忆。"

拉斐尔这块奥运金牌的伟大之处还在于，它成就了他职业生涯的金满贯，即：球员在职业生涯中囊括了澳网、法网、温网、美网四大满贯赛事冠军以及夏季奥运会网球单打金牌。迄今为止也只有两位男运动员——拉斐尔和安德烈·阿加西荣获过"金满贯"荣誉。

8

西班牙的
名望

拉斐尔·纳达尔是古往今来最知名的西班牙运动员吗？毫无争议，他是最著名的西班牙网球选手。自公开赛年代以来（1968年网球职业赛事开始至今），西班牙共有5名单打选手曾获世界排名第一：拉斐尔、卡洛斯·莫亚（拉斐尔现任教练）、胡安·卡洛斯·费雷罗、阿兰特萨·桑切斯·维卡里奥和加比妮·穆古鲁扎。

划重点了，除排名世界第一以外，还有另外几项第一。拉斐尔曾雄居榜首209周（这一点西班牙无人可及），迄今为止坐拥20座大满贯奖杯，而莫亚、费雷罗、桑切斯·维卡里奥和穆古鲁扎加一块儿，也才8个大满贯冠军。（公开赛年代前的一位西班牙球员值得一提，曼努埃尔·桑塔纳，曾在20世纪60年代赢得过温网、美网以及两次法网冠军。）

那么，网球以外的项目呢？回顾历史，有很多西班牙传奇斗牛士和独有的回力球运动员，但鉴于这些运动项目的特殊性质，他们几乎都找不到外来的竞争者同场竞技。一直到独裁者佛朗哥将军去世（1975年），西班牙随后便开启了民主化进程（20世纪80年代初），之后加入欧盟（1986年），这个国家才真正开始显露其体育实力。得益于政治稳定之上的经济繁荣，使很多项目（网球、高尔夫、足球、篮球、自行车和赛车）的运动员们能大放异彩。

促进西班牙体育事业发展，最强的催化剂源自1992年巴塞罗那奥运会的成功举办。对于西班牙和世界上其他国家的观众而言，169个国家近10,000名运动员，在那个夏天齐聚加泰罗尼亚首府参加比赛，场面恢宏壮观，

右图: 拉斐尔马德里接受未来西班牙国王——菲利普王子颁奖

场景令人兴奋。这是冷战结束后的首次夏季奥运会，南非在被禁赛32年后也首次参赛。德国自20世纪60年代以来，首次以一个统一国家的形象参赛。乘着所有这些积极正面的东风，更得益于主场优势，西班牙运动员获得了22枚奖牌，包括13枚金牌，总奖牌榜排名第6。

20世纪余下的8年中，西班牙政府在全国各地大肆修建体育设施和训练场馆。公众和媒体也纷纷紧随浪潮，狂热地追捧体育明星。数十项基础运动项目更获得政府资助。

突然间，不时涌现的西班牙优秀运动员被展现在世界面前。足球方面，我们看到了法布雷加斯、伊戈尔·卡西利亚斯、大卫·比利亚、塞尔吉奥·拉莫斯、费尔南多·托雷斯、杰拉德·皮克、哈维·埃尔南德斯、劳尔·冈萨雷斯、卡莱斯·普约尔和安德烈斯·伊涅斯塔等人。西班牙国家足球队捧回了2010年的大力神杯（更衣间里拉斐尔与球员一道狂欢庆祝），还在2008年和2012年赢得了欧洲杯冠军。

高尔夫球场上，西班牙人也难掩星光，收获了庞大的粉丝群：首先是塞维·巴雷斯特罗斯，其次是塞尔吉奥·加西亚、何塞·马里亚·奥拉扎尔（拉斐尔曾与其一起举办过慈善高尔夫赛）、米格尔·安赫尔·希门尼斯和约翰·拉姆。

一级方程式赛车方面，费尔南多·阿隆索2005年、2006年两度为雷诺车队赢得世界冠军，还差点为法拉利

右图：2010年，西班牙在南非世界杯赛上获得冠军后，拉斐尔与西班牙门将伊戈尔·卡西利亚斯、朱迪西亚王妃合影

P164-165图：拉斐尔率领国家代表团出席2016年里约奥运会开幕式

IKER

PLVS

VLTRA

车队捧杯。摩托车锦标赛方面，马克·马奎斯曾赢得过6次桂冠。自行车公路赛方面，米格尔·安杜兰5次赢得环法赛冠军。

把网球球员的体育成就去和赛车手、高尔夫球手或足球运动员相提并论，似乎不太合理。就像是正午阳光炙烤下，叫你站在安达卢西亚果园里，去辨别橙子和柠檬谁好谁坏一样。怎么可能把大满贯赛事和一级方程式赛两相比较呢？ATP排名第一的周数怎么可以拿来与西甲联赛中冠军俱乐部球队数相比较？

尽管不同体育项目有着不同的衡量指标，但相较于其他项目的冠军，无论从哪方面看，拉斐尔都更为光彩夺目：20个大满贯单打冠军；另外还有68个ATP冠军；两枚奥运金牌（单双打各一枚）；5次戴维斯杯团体冠军；209周的世界排名称霸；5次年终排名第一。

2020年，西班牙主流的体育报纸《马卡报》呼吁读者票选国家最伟大球员，或称GOAT，即所谓"西班牙GOAT之战"，就是他们对16名西班牙传奇运动员（大部分前面都已提到）进行淘汰性投票。最后的结果是，拉斐尔以绝对优势赢得了殊荣。

上图：2010年，拉斐尔于马德里出席皇家马德里主场举行的欧洲冠军联赛决赛

P170-171图：2010年，拉斐尔与西班牙高尔夫球员塞尔吉奥·加西亚，在卡斯特利翁德拉普纳的一场锦标赛上

20 大满贯俱乐部

拉法与三巨头中的其他二人对比

	德约科维奇	纳达尔	费德勒
赢得第 20 座时的年龄	34（2021 温网）	34（2020 法网）	36（2018 澳网）
赢得第 20 座时的大满贯参加次数	65	60	72
最多的决赛连续记录	6	5	10
最多的决赛获胜连续记录	4	3	3(twice)
赢得第 1 座时的大满贯参加次数	13	6	17
胜——负对阵德约科维奇	-	10—7	6—11
胜——负对阵纳达尔	7—10	-	4—10
胜——负对阵费德勒	11—6	10—4	-

数据源自其获得第 20 个大满贯时。

大满贯明细：冠军（胜场数）（统计至 2022 年 6 月）

	德约科维奇	纳达尔	费德勒
澳网	9 (82)	2 (76)	6 (102)
法网	2 (85)	14 (112)	1 (73)
温网	6 (79)	2(53)	8 (105)
美网	3 (75)	4 (64)	5 (89)

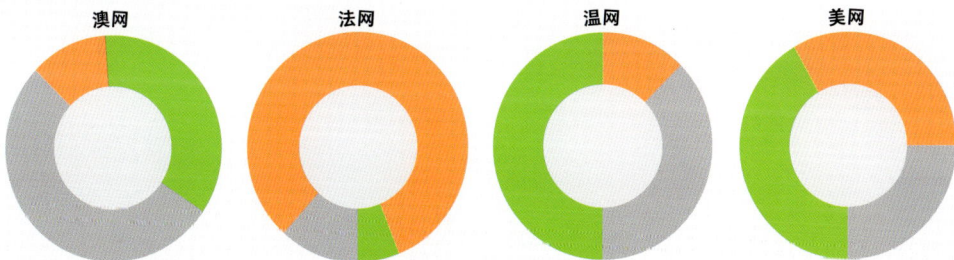

澳网　　法网　　温网　　美网

左图：三位西班牙世界排名第一网球选手：卡洛斯·莫亚，胡安·卡洛斯·费雷罗和拉斐尔·纳达尔，2005年在中国北京故宫的太庙，身着传统帝王服饰，为中国网球公开赛做宣传

　　他们写道："近年来西班牙体育界星光熠熠，要遴选出最为耀眼的那一颗，几乎成为不可能的事。"然而，经过了几轮的选票大战，获得"西班牙有史以来最伟大运动员"称号的是拉斐尔·纳达尔。

　　在最近一次采访中，西班牙网球运动员亚历克斯·克雷特加对他这位网球同行做了相当精辟的总结。"拉斐尔·纳达尔的获胜就像我们所有人的胜利一样，"在拉斐尔2020年获得第20个大满贯冠军时，他对体育网站sport.es这样说："很难评述拉斐尔对于我们大家而言意味着什么。对我来说，他是有史以来最好的西班牙运动员，他充分地尊重每一个人。我眼中的他鲜活而有趣，尽管有时也木讷得像台机器；他脆弱敏感，尽管看起来像是具有钢铁般坚强的意志；比赛时的他仿佛火山爆发时涌出的岩浆，所到之处，摧枯拉朽，势不可挡。"

历史胜场数

就ATP巡回赛历史的胜利而言，纳达尔是最接近于巅峰的

2022 法网公开赛后

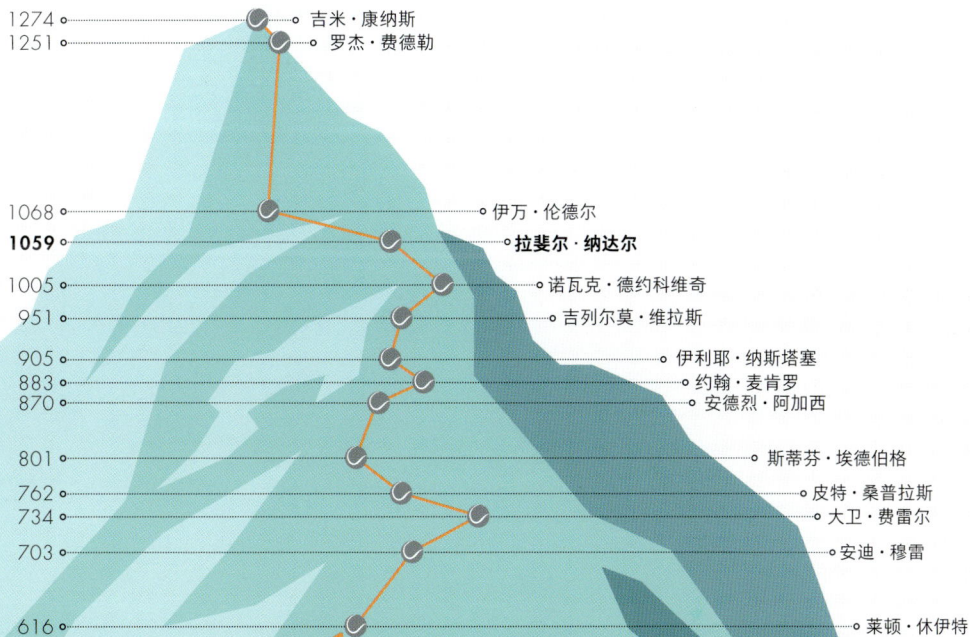

数值	选手
1274	吉米·康纳斯
1251	罗杰·费德勒
1068	伊万·伦德尔
1059	**拉斐尔·纳达尔**
1005	诺瓦克·德约科维奇
951	吉列尔莫·维拉斯
905	伊利耶·纳斯塔塞
883	约翰·麦肯罗
870	安德烈·阿加西
801	斯蒂芬·埃德伯格
762	皮特·桑普拉斯
734	大卫·费雷尔
703	安迪·穆雷
616	莱顿·休伊特

我非常尊重纳达尔，或许相较于世界上的其他选手，都要更尊崇于他。他是我一生中最大的竞争对手。他所获得的一切、他对网球的投入以及他在日常练习和比赛中的表现，这些都令人钦佩。

——诺瓦克·德约科维奇

比赛

美国网球公开赛

2010年9月13日

美国，纽约市比莉·简·金国家网球中心，

决赛：拉斐尔·纳达尔vs.诺瓦克·德约科维奇

拉斐尔·纳达尔6：4、5：7、6：4、6：2诺瓦克·德约科维奇

2010年赛季绝对是拉斐尔最伟大的一个赛季。一年中，他在法网、温网和美网上加冕，成为历史上首位一年里，在红土、草地和硬地球场的大满贯单打中都获得冠军的男子球员。

已经世界排名第一的拉斐尔，能量满满、自信心爆棚地来到了美国网球协会位于纽约的比莉·简·金网球中心，以未失一盘的战绩高歌猛进地杀入决赛。另一面的德约科维奇，在第一轮对阵维克多·特洛伊基的比赛中就被迫面对一场持续3小时40分钟的残酷五盘大战。半决赛中，对手换成罗杰·费德勒又遭遇一场艰难的五盘大战，体能储备消耗殆尽。尽管如此，塞尔维亚人还是下定决心，准备与拉斐尔进行一场殊死搏斗。老实说，网球赛有时候看起来更像是一场重量级拳击比赛。

虽然球员们常常都能奉献出最高水准比赛，但赛事电视合作伙伴CBS却会使他们失望。决赛已经从周日推迟到了周一，而且是在明知东部沿海地区随后将会迎来一场暴雨的情况下，为对接上傍晚黄金收视时间和因此带来的商机，他们坚持让比赛更晚点再开始。假如选择提前开赛，比赛本可以确保在暴风雨来临前结束的。

对阵双方（全身黑衣黑裤、脚穿亮黄球鞋的拉斐尔与白衫黑裤的德约科维奇）激情满满地拉开了决斗架势，开场才5局就耗去了半个多小时。开局首分就有点像场马拉松，你来我往地抽了19个回合。第二局至30：30平时，回合数更长达28拍。当赛至第5局时，场面演化成一场激烈搏击，德约科维奇曾送出6次被破发的机会，又不得不靠拼死一搏来捍卫岌岌可危的发球局。好在前5次破发机会又都被拉斐尔一一双手奉还，当第6个破发点出现时，西班牙人终以一记极端残暴的强势正手抽击完成破发，然后迅速收获第一盘。

第二盘开始，塞尔维亚人加大了火力，4：1取得领先。马拉松式的多拍回合更常出现，冗长的回合伴随着富有节奏的此起彼伏的吼叫声，加上鞋底与地面摩擦所发出的阵阵嘎吱嘎吱声，竟意外给人一种诡异的催眠感受。正当拉斐尔奋力反击，把局分追至4：4平，小分30：30平时，暴风雨却不期而至，比

上图：2010年美国网球公开赛是纳达尔第9次赢得大满贯单打冠军

赛被迫推迟了近两个小时。

当再次回归赛场，球员的情绪似乎更加高涨，铆足全力地使比赛更为激烈。塞尔维亚人最终拿下了第二盘。

第二盘的失利让拉斐尔有些泄气，但他绝没有让这种情绪影响到自己。第三盘的比赛依然打得令人惊叹，拉斐尔积极而凶狠，拿下了第三盘。第四盘的第三局，在破了德约科维奇的发球局后，他开始了向着胜利的一路狂奔。比赛进行到3小时43分时，德约科维奇一记正手出界交出了比赛。纳达尔又是仰面往后一倒，在地上滚了一圈，翻身过来双手抱头，仿佛中弹倒地的姿势。其情绪也顿时爆发，背部因喜极而泣不停起伏。

赛后有人问他，作为球员，自己场上最大的优势是什么。"我觉得我场上的心态和比赛态度很好，"他说，"球场上我很积极主动，而且能长时间地保持一种战斗姿态。当状态很好时，我能确保高强度对抗和掌控住很好的节奏感。可以长时间地按同样节奏和水准去比赛。"

德约科维奇对获胜者也不吝赞美之词。"对像他这样还很年轻就取得如此巨大成就的人而言，面对任何比赛，面对任何对手，都能够持续不断地激发出最佳状态，是件非常了不起的事情。我不得不对他表示由衷的敬佩，为他场内和场外所做的一切。他是位伟大的冠军，一位了不起的人，一位值得球员学习的榜样。"

但也许美国著名教练布拉德·吉尔伯特对拉斐尔那晚的表现总结最为一针见血。"拉斐尔具有异乎寻常的毅力，"他说，"不管是40：0，还是0：40时，他都绝不会放松。每分必争。"

> "在我的职业生涯中，第一次在这个赛事中打了一场非常非常好的比赛。这就是我的感觉。我在美网最重要的时刻，打出了自己最为满意的一场比赛。

——拉斐尔·纳达尔，于2010美网赛后

亲人们

在西班牙整个国度，或是说这座巴利阿里岛屿上，家庭成员之间的亲情关系都非常紧密，拉斐尔和家人的关系尤为如此。用简单的"密不可分"无法表达。这位球员与父母、祖父母、姑姑、叔叔、侄子、侄女和表兄弟之间的关系（上述许多人在他生命中的大部分时间里还与他比邻而居）极为亲近。在经济上、情感上、心理上和文化上，他们都凝结成一个运转着的整体。

你相信吗？在他生命中的大部分时间中，家族生活一直带给他的是快乐、稳定、团结、和谐和使人安宁的亲切感。拉斐尔满足时，全体成员都同样感到满足。而他忧伤时，所有的人都会因此而忧伤。像第六章已提及的，纳达尔家族完全像个"不会作恶，也不持械"的黑帮式家族。

因此在2009年初，父亲塞巴斯蒂安和母亲安娜·玛丽亚宣布，历时近30年的婚姻破裂，他们准备解除婚姻关系时，这消息对拉斐尔而言无异于是毁灭性的一击。

在澳网战胜费德勒后回程的飞机上，父亲第一个把将和他母亲分开的消息告诉了他。"猛然间，在完全没有任何预兆的情况下，幸福完整的家就此破裂了"。他在传记《拉斐尔——我的故事》中这样写道："生活中我所珍视的完整亲情瞬间被一劈两半，我的情感依托仿佛遭当头一棒。"

初时，这似乎对拉斐尔球场表现的影响还微不足道。春天里在印第安维尔斯公开赛、蒙特卡洛和罗马的大师系列赛他都获得了冠军。但到了罗兰·加洛斯，那张一贯勇猛的脸谱上仿佛开始出现了裂纹。法网第四轮他输给了瑞典选手罗宾·索德林。这是他法网征途仅有的四场输球中的一场。随着赛季的继续，他却势头减弱，膝部旧伤复发，他解释是因为受到家里父母关系破裂的影响，膝部的

左图：2016年美国网球公开赛上的纳达尔亲友团。
上排从左至右：母亲玛丽亚、妻子希斯卡、妹妹玛丽贝尔。中排：父亲塞巴斯蒂安（红衣）。下排：托尼叔叔（绿衣）和经纪人卡洛斯·科斯塔（蓝衣）

伤痛加重了。那年他甚至因为膝伤缺席了温布尔登的赛事。而后还有更糟糕的事，参加北美硬地巡回赛期间他发生了腹部肌肉拉伤。截至当年的 8 月，其世界排名从第一跌落到了第三。尽管这一切从长远看还算不上是一场彻头彻尾的灾难，却印证了家庭关系发生问题会对他有多么大的影响。

"父母离异让生活发生了极大的改变，"他后来解释道，"对我影响很大。那之后我没办法去温布尔登打比赛，这是我人生的至暗时刻。我整整一个月都把自己与世隔绝起来。"

好在家族中的其他成员此刻都抱团来给他以支持。到 2009 年底，拉斐尔意识到了自己必须从这种颓废麻木中摆脱出来，在完成对膝部伤病的治疗后（见第七章），他开始重新振作起来。

2010 年，拉斐尔在罗兰·加洛斯取得了胜利（实现了对索德林成功复仇），然后得到了第二个温布尔登冠军，还在美网实现了首次夺冠。谢天谢地！拉斐尔回来了！他满血复活了。

两年后有传言塞巴斯蒂安和安娜·玛丽亚重归于好了。除家人之外，没人能确认这个消息的真伪。也可能是，他们仅仅是愿意先搁置彼此的争议和分歧，像当初一样先参与到拉斐尔的赛事进程里，尽力使儿子的网球生涯发展得更平稳些。

左图：2009 年马德里公开赛上庆祝

右图：在父母分居后，纳达尔 2009 年法网输给了索德林，满脸的痛苦惆怅

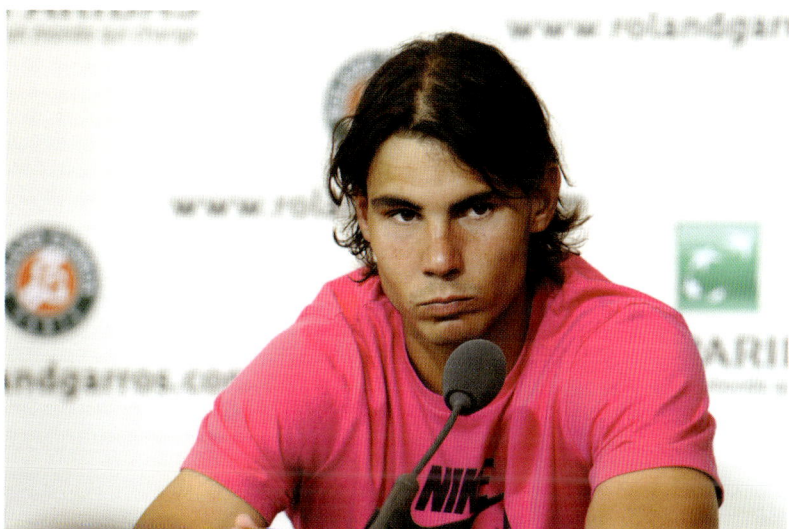

左图: 2010 年拉斐
尔在美网获胜

毋庸置疑，后援团队和家人在这场突如其来的动荡中给予了他最重要的支撑。尤其是妹妹玛丽贝尔，给了他莫大的安慰。

拉斐尔跟托尼叔叔在进行网球训练时玛丽贝尔在忙于拓展商务视野，努力成为一名商人。小时候，她在家乡著名的天主教学校玛丽亚学校（Colegio Pureza de María）学习。也是在那里，她结识了玛丽亚·弗朗西斯卡·佩雷洛，昵称"梅里"。然后她把女孩介绍给哥哥，再后来梅里就成了她嫂子。毕业后玛丽贝尔去到巴塞罗那学习体育科学和管理，还在马略卡岛帕尔马学习了商业管理。她先后供职于体育和娱乐经纪公司IMG（曾是她哥哥的经纪公司）、曼弗雷保险公司（她哥哥的赞助商之一）和桑坦德银行（也是她哥哥的赞助商）等。如今，她把主要精力放在为哥哥打工上，是拉斐尔·纳达尔学院的营销主管。这感觉有点任人唯亲的嫌疑，但恰恰证明了纳达尔家族帝国的关系紧密程度。

拉斐尔的另一个家庭雇员是妻子梅里。尽管她嫁给了地球上最有影响的球员之一，但大家对她并不了解。她极尽低调，极少接受采访，这使得她一直几乎是个谜一样的存在。受益于马略卡岛重视和尊重名人隐私的独特传统习俗，她的个人隐私被保护得很好。假如换在欧洲的其他地方，八卦小报和狗仔们会像苍蝇一样地围着他们。这也是夫妇俩一直不离开家乡岛屿的另一原因。

在对梅里罕见的几次采访中，她都是通过电子邮件回答的问题，半点没有透露自己的任何情况。即使在拉斐尔

右图：2017年法网，纳达尔的父母尽管离婚了，但他们仍然是朋友

的官方自传中，也只被引用短短的几句话，温和地解释自己不喜欢和拉斐尔一起旅行的原因；她极力躲避公众，觉得名人的生活"令人窒息"。

梅里1988年出生在马纳科尔，父亲伯纳特经营着一家房地产中介公司，母亲玛丽亚是马纳科尔市议会的公务员。梅里是独生女。有关她的名字，想多聊几句：西班牙和国际媒体给她起了一个绰号"希斯卡"，拉斐尔和家人则叫她梅里（Mery）或玛丽（Mary），两种拼法都用。"我有好几个名字，"她在接受西班牙版《名利场》杂志采访时回复。"周围人喜欢叫我梅里。第一次称我希斯卡是在媒体报道中。没有人用这名字叫我，我最不喜欢这名字。"

年轻时拉斐尔在女孩面前很是腼腆。妹妹一直撮合哥哥和梅里交往。众所周知，梅里是他从一而终交往的唯一女孩。

2019年10月，两人在历经14年恋爱后喜结连理，在岛北岸的小镇波连萨，萨福塔莱萨庄园（Sa Fortalesa）举行了婚礼。这座始建于17世纪的堡垒庄园，是为抵御海盗入侵马略卡岛所修建的，曾在一部BBC改编自约翰·勒卡雷同名小说的电视剧《夜班经理》中出现过。

秉承纳达尔家族一贯的谦逊低调和务实风格，婚礼极力规避了惯常名人婚礼中的奢华和繁文缛节。连西班牙前国王胡安·卡洛斯一世和索菲亚王后的应邀出席，也没有使大家感觉到拘束和紧张，反给婚礼增添了兴奋和喜悦。在200来人的嘉宾名单中，邀请的网球球员和伴侣有：菲里西亚诺·洛佩兹，卡洛斯·莫亚，大卫·费雷尔，胡安·摩纳哥。

梅里毕业于巴利阿里群岛大学商业管理专业，现任儿童慈善机构——拉法·纳达尔基金会的总监。职责所系，她每年至少得去一次印度，到位于印度南部的阿南塔普

尔基金会学校（纳达尔教育网球学校）视察。"我记得很清楚，第一次到阿南塔普尔时是种什么感觉，"她回复《名利场》，"他们生活在一个和我们截然不同的现实中。当看到他们得到了生活里最渴望得到的一件东西时的反应，简直难以言表。让我倍感震撼的是学校的孩子们如此珍惜我们送给他们的服装和鞋。他们把这些带回家，如获至宝地收藏起来。"

尽管从事着慈善工作，但她仍然一贯地低调。她很少参与与丈夫的比赛（除了在他职业生涯中的重要时刻，才会与玛丽贝尔和安娜·玛丽亚一同出现），随时随地都很谨

上图和右图：2019年，纳达尔和希斯卡在马略卡岛喜结连理

红土球场上发球局VS接发球局局数对比

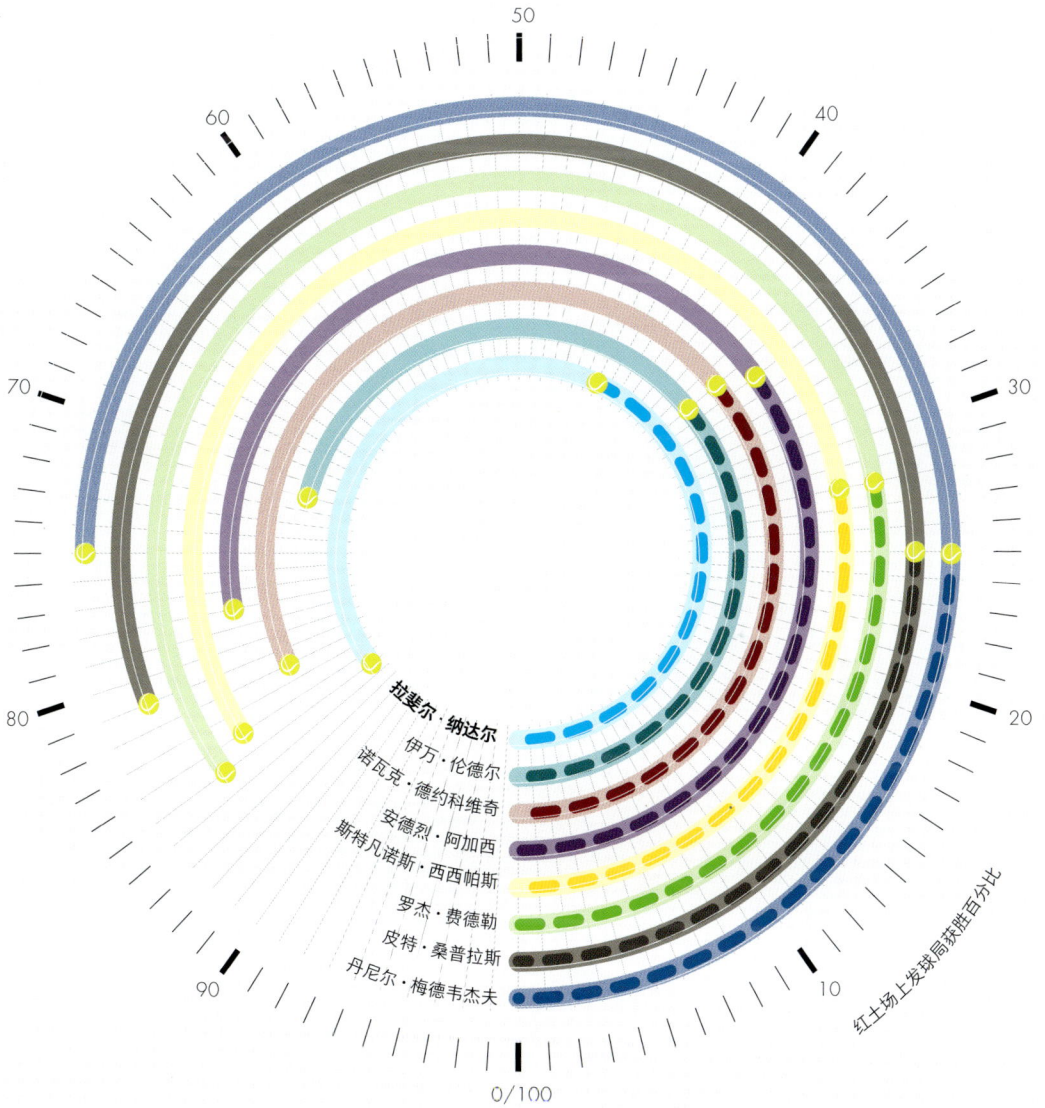

50

40

60

30

70

20

80

10

90

0/100

红土球场上发球局获胜百分比

拉斐尔·纳达尔

伊万·伦德尔

诺瓦克·德约科维奇

安德烈·阿加西

斯特凡诺斯·西西帕斯

罗杰·费德勒

皮特·桑普拉斯

丹尼尔·梅德韦杰夫

红土球场上发球局百分比　　红土球场上接发球局百分比

慎，选择远离公众视野的关注。

其实，这也是拉斐尔喜欢的生活："很小的时候开始，我们就已经相互理解对方了，"他曾解释说："梅里是我一个稳固的支点。"

右图: 2011 年在巴塞罗那的纳达尔和希斯卡

比赛

法国网球公开赛
2020年10月11日
法国，巴黎，罗兰·加洛斯体育馆
拉斐尔·纳达尔vs.诺瓦克·德约科维奇
拉斐尔·纳达尔6：0、6：2、7：5诺瓦克·德约科维奇

1 3对于很多人而言可能不是一个吉利数字。但对2020年秋天罗兰·加洛斯球场的拉斐尔来说却恰恰相反。在这场因疫情而延期的法网决赛中，他直落三盘，干净利落击败诺瓦克·德约科维奇，用时2小时41分钟就夺得了他的罗兰·加洛斯第13个冠军，也是他第20次问鼎大满贯赛事。

事实上，6：0、6：2、7：5，看似一边倒的比分结果，根本没能展示出德约科维奇在巴黎的那个凉爽日子里所具备的真实技术水准。一整年里，除了美国网球公开赛时意外使球击中边裁喉咙而被取消资格外，德约科维奇没有输过一场比赛。诚然由于全球疫情流行，赛季都被严重打折。即便如此，在进入决赛前的比赛中，塞尔维亚人表现出的状态好得让人惊奇。

再看拉斐尔，就只能用好到惊艳了。一身湖蓝色短衫短裤，戴着鲜艳红色头巾，西班牙人只用了45分钟就以6：0结束了第一盘。网球赛中，这被戏称为吃了"甜甜圈"（意同吃蛋）。对于德约科维奇这种顶级球员而言，这无疑是种耻辱。其实这并非他打得不好，只是对手打得实在太好。他在这次的整个赛事过程中都表现得极为出色，一路过关斩将未失一盘，直到赢得最后的胜利。

在看台上只坐了一千名付费观众且都戴着口罩的情况下，这场在菲利普·夏蒂尔球场举行的比赛，笼罩着一种使人忧郁的气氛。因为有雨，体育馆新启用的伸缩式屋顶不得不被展开——这是法国网球公开赛130年历史上第一次在有顶场地进行决赛。顶棚放大了球与球拍的撞击声，也放大了选手比赛中艰难搏击时的吼叫声。

拉斐尔接着轻松地拿下了第二盘，他的发球落点精妙完美。而与此相对的德约科维奇却没能解决好自己非受迫性失误过多的问题。塞尔维亚人一次次

右页左上图、右上图：2020年法网，在菲利普·夏蒂尔中央球场屋顶下，纳达尔对阵诺瓦克·德约科维奇

右页下图：这场胜利为纳达尔赢得了第13座法网冠军奖杯和第20座大满贯单打冠军奖杯

地，试图通过放小球迫使对手失误。结果事倍功半，大多数都失败了。"很明显我是想以这种办法，打乱他的节奏，"他在赛后说。"但他似乎早有准备。到位非常及时，而且准备充分。"

来到第三盘，德约科维奇试图向对手施加更大压力。发球局被早早破发后，他随即又回破了拉斐尔的发球局（这是整个比赛中唯一一次）。破发成功的德约科维奇攥紧拳头，一声狂吼。

5：5平时，塞尔维亚人再度面临被破发。他决定冒险，把球发至边线附近。晃眼一看球并未出线，但经主裁进场检查落点球印后，被判定为双发失误。

从心理学角度看，对德约科维奇而言这可以说是个极大的打击。6：5领先后的拉斐尔在接下来自己的发球胜赛局里，未让对手到手一分，最后一记大角度Ace球发向对手的反手，角度之大，以至于塞尔维亚人只能眼睁睁望着飞向场外的球。接下来与往常的胜利的欢庆方式不同，这次拉斐尔没有仰面倒地，而是双膝跪地，仰头大笑，用手指指，舞动双臂，开怀地和观众们互动，随后跳起身去安慰对手。他再回球场中央，用双手撩起衣角，用牙齿咬住，一副难以置信的样子。这恰好是他罗兰·加洛斯的第100场比赛。这是多有意义的第100场啊！

现场观众太少，颁奖仪式显得冷冷清清。颁奖台上拉斐尔和德约科维奇都被要求戴上了口罩，这让拉斐尔无法像以往一样在台上表演当众啃奖杯，不过

左图：德约科维奇落败后表现得非常有风度。"今天你不愧为红土之王，"他说道

颁奖结束后，摘下口罩他仍然照咬不误。

"今天的比赛，你充分展示了为什么红土之王是你，"落败一方带着对胜者应有的尊敬说道。

拉斐尔说："在这里获胜对我意义都很重大。我职业生涯中最重要的时刻都是在这里度过的。能在这里参加比赛本身就已经很令人激动了，我与这座城市、这座球场的情感，让人永生难忘。"

BBC评论员大卫·劳惊叹于拉斐尔第20个大满贯的意义。他说："完全没法预料他竟然在34岁时还能保持这样的水准，"他说。"距离第一次大满贯冠军已经有15年了。如今年过30的他，球风居然还如此凶悍、势不可挡。诺瓦克·德约科维奇是注定会输。我觉得今天哪怕对面站两名对手，也未必能阻止拉斐尔·纳达尔取胜。从现在起他就与罗杰·费德勒平起平坐了，这绝对是网球史上的重大时刻。"

罗兰·加洛斯赛事总监在谈论这场比赛时说："这简直超出了所有人的想象，或许将来有人会做得更好，但在我看来这该是所有运动所能见证到的最伟大的体育成就了。"

右图：抱着火枪手奖杯

> 在罗兰·加洛斯他所获得的胜利数量令人惊叹。每当你与他踏上球场，你就知道你必须像攀登珠穆朗玛峰一样努力才能战胜他。
>
> ——诺瓦克·德约科维奇

未来之路

当天文学家以你的名字为小行星命名时，你就知道自己出名了。2003 年，马略卡天文台发现了一颗直径 4 公里的未知小行星。最初他们为它编号 128036。5 年后，当拉斐尔赢得第一个温网冠军后，他们向国际天文学联盟提出了正式请求，询问是否可以重新命名这颗行星，用以纪念岛上这位最杰出的年轻人。

现在这颗以每秒 20 公里速度运行的巨大石头，被称为"拉斐尔·纳达尔小行星"。

巴黎罗兰·加洛斯球场，这个见证拉斐尔取得重大胜利的地方，可以看到人们用更为传统的方式向这位伟大的冠军致敬。2021 年 5 月，在球员的亲自见证下，一座巨型拉斐尔雕像在球场新的公众入口处揭幕，这座用不锈钢制成的三米高的雕像，坐落在靠近三个火枪手花园的位置。雕像传神地捕捉到了马纳科尔人以正手挥鞭姿势强力击球的动作。

这是西班牙雕塑家霍迪·迪兹·费尔南德斯的杰作，他和拉斐尔一道站在塑像揭幕的仪式上。费尔南德斯解释说："我想用雕塑整体表达出他身上所有的特质，或许这可以归结为两个字——力量。我塑造的拉斐尔·纳达尔雕塑就是在展现他的力量。事实上，他本身就是一座人类力量的纪念碑。"

记得第一次见拉斐尔时，雕塑家被这位球员的体型震撼了。"他有着顶级运动员的身材比例。但事实上他又那么质朴谦逊，非常平易近人，从一开始就是如此印象。在我看来，拉斐尔·纳达尔是一个典范，他带给所有人鼓舞与激励。当看拉斐尔打球时，他展示出的所有这些品质，某种程度上又会激励我们去努力探索自己内心的原动力。"

右图：2008 年，拉斐尔获得首个温网冠军

　　雕像揭幕仪式的主持人是法国网球联合会主席吉勒斯·莫尔顿。"拉斐尔，自2005年以来，这个名字就与罗兰·加洛斯这座球场紧紧相连了，"他在向这位13次获得罗兰·加洛斯法国网球公开赛冠军的运动员致敬时说。"你已经，并将继续为赛事和自己书写下最为精彩的历史。"

　　网球这项运动，其根源可以被追溯到19世纪70年代，甚至追溯到16世纪的亨利八世的皇家网球场。像这类运动项目，赛事纪录是个备受尊崇的概

上图: 罗兰·加洛斯球场的纳达尔雕像

左图: 2017年，获得第10个法网冠军之后

右图: 2019年在伦敦举行的ATP年终决赛，从左至右: 多米尼克·蒂姆、诺瓦克·德约科维奇、马泰奥·贝雷蒂尼、罗杰·费德勒、拉斐尔·纳达尔、亚历山大·兹维列夫、丹尼尔·梅德韦杰夫和斯特凡诺斯·西西帕斯

力。我的确想以这种成就结束自己的网球生涯，不过这也只是我的一厢情愿而已，当然也是我的目标，但我并不沉迷其中。我的主要目标是做一切事情都要保持一种心情愉悦的状态。我得到过13个法网冠军，20个大满贯冠军，没有野心是肯定做不到的。有野心诚然是件好事，但你必须得保证自己的身心都是健康的，不能急于求成。做每件事，我都会制定一个目标。如果目标实现了，很好！但如果没有实现，也不会因此感到沮丧甚至停止享受快乐。现在我的生活非常安宁，甚至比早些年更加平静。"

拉斐尔和德约科维奇都只有30岁出头。如果他们的身体能抗得住，也许他们都还能有5年的时间。反观费德勒，他已经在奔五的路上了。虽然瑞士人不肯承认，但能让他继续留在球场上的目标，却肯定只会是一个，那就是力求最终能比两个对手获得更多大满贯头衔。仔细品读三位球员的灵魂深处，你定会发现，可能这才是能真正激励起斗志的最原始的动能。

网坛三巨头的未来会是怎样呢？仅凭年龄所引发的运动机能退化而言，费德勒应该会很快退役。他将自己重回赛场的时间推迟到了2022年夏天，并暗示有可能会因身体原因而放弃温网的比赛。德约科维奇看起来则活力满满、精力充沛，至少从理论上讲，他再添大满贯头衔的概率最高。我们最感兴趣的那个人呢？对拉斐尔，我们又应该有些什么期待呢？

最近被问及何时退役时，他还是以一种大家都习以为常的含蓄腼腆的方式回答道："我也不清楚自己什么时候需要退休。网球就是种心智层面的游戏，根本无法精确预测具体时间，时机到了自然也就知道了。"

而那一刻最终来临之时，他也肯定会忙得不亦乐乎。比如，纳达尔家族的生意，还有拉斐尔·纳达尔网球学院。他最近称想倾力于自己的慈善基金会——拉法·纳达尔基金会，该基金会主要是帮助贫困的儿童。

那他自己的孩子呢？虽然未来的小纳达尔生活上完全可以衣食无忧，但拉斐尔一直坚持要等到退役后，再与妻子梅里去架构这个三口之家。但她毕竟快满35岁了。如果他还得继续打几年球，那么球手和孩儿他爹的身份就极可能被叠加。

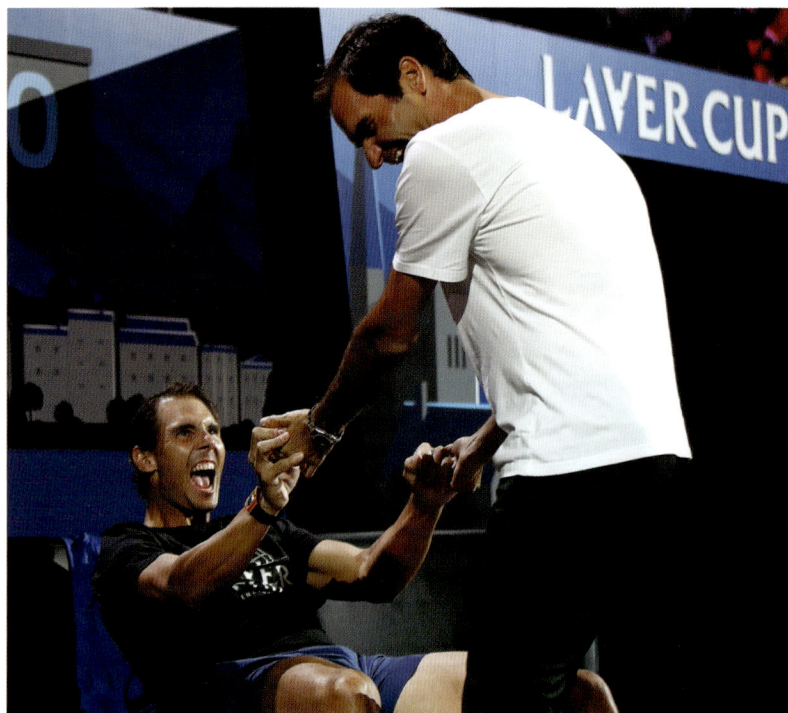

左图：2019年，拉斐尔与罗杰·费德勒在日内瓦举行的拉沃尔杯上

右图：2006年在罗兰·加洛斯

> 在马略卡岛，我可以做回自己，逛超市，看电影，我就只是个普通人纳达尔。每个人都认识我，没什么好大惊小怪的，我可以在外面一整天，没人会偷拍我。

——拉斐尔·纳达尔

纳达尔荣誉纪念册

纳达尔是网球历史上曾在
红土、草地和硬地上
至少赢得
两个大满贯冠军
的三位男性球员之一
其中，第一位是瑞典的马茨·威兰德，
而第二和第三位则分别为
纳达尔与诺瓦克·德约科维奇

他是第一位在三种不同表面材质的场地
（红土、草地和硬地）
上获得连续大满贯赛事胜利的男子选手

纳达尔与费德勒
分享着单赛季大满贯赛事中
获胜场数最多的纪录，
他们各自在法国网球公开赛和
温布尔登网球锦标赛中
赢得了112场比赛

纳达尔是男子职业网球巡回赛上
仅有的三位获得
1亿美元奖金
的球员之一

另外两位是诺瓦克·德约科维奇和
罗杰·费德勒

纳达尔是仅有的第6位
在ATP职业巡回赛上

NO.1

连续排名第一达到
200周
以上的球员

纳达尔在罗兰·加洛斯
14次法网决赛中，
从未被拖入到五盘大战中

纳达尔是第一位在
四项大满贯赛事中
夺冠而没有输掉一盘的选手。
他在 2008、2010、2017 和 2020 年的
法国公开赛上实现了这一壮举

在 2005 年至 2007 年期间,
纳达尔在红土场上
连续获胜 81 场,
该纪录始于蒙特卡洛大师赛,
终于汉堡大师赛。仅有一位选手接近这一纪录,
他是阿根廷的吉列尔莫·维拉斯,
其在 1977 年取得了 53 场连胜

自从职业生涯开始,
纳达尔在红土场上
从未输过
两场连续的比赛

纳达尔是
唯一一个
在同一年赢得法国公开赛和
美国公开赛的男子选手,
他已经四次实现这一成就
（分别是在 2010 年、2013
年、2017 年和 2019 年）

纳达尔以耐力而闻名,
他是在五局比赛中获胜
排名第一的球员,
取得了惊人的
88.2%
的胜率

在网球比赛中,
"甜甜圈"指的是 6:0 的胜利。
纳达尔在面对排名第一的球员时,
赢得了

最多"甜甜圈"
比赛

纳达尔已经
连续 17 年
（2005—2021 年）获得 ATP
年终总决赛参赛资格,
该赛事只有排名前 8 的球员
才有资格参加

"我是非常看重家庭的人，"在接受阿根廷《国家报》采访时拉斐尔说。"你可能永远不清楚未来发生的一切，但我清楚，我会组建个家庭。我会有孩子。不清楚会有多少个。我喜欢小孩，但这不是一个人能决定的。必须是两个人的事情。我想多要几个孩子，但我没法告诉你是两个、三个，还是四个。"

拉斐尔曾阐释过成功的定义应该是个人和家庭生活的美满，而非金钱或赛事头衔的累积。"真正的成功应该是拥有朋友，拥有家庭，能给他们以照顾，能感受得到周边和世人对你的关爱，这点非常重要。但享受最亲近的人所给予的爱，是最为重要的。"

拉斐尔在谈及自己的事业成就时，他说自己宁肯作为一个伟大的人被记住，而不是作为一个伟大的网球运动员。"最终，这项运动还将会继续下去。你所取得的成就也将会被持续地留存下来。但当'职业生涯'结束时，之前积淀下来的口碑将会决定世人对你的态度。这种口碑不是看你赢得了多少次冠军，而是看你赛场上结交的朋友；看你是如何善待别人的。我希望在这些年里，能努力地做到这些。我觉得自己是这样做的，这样的话无论去到哪里，人们都会赞赏我，无论是赛事组织者还是赛场上值得结交的对手。"

当拉法开始在考虑退役安排时，我们就必须为他的学院和慈善基金会鼓掌点赞。也许之前因为他总在忙于赛事而无暇顾及，没能亲力亲为，但这一切已经是了不起的成就了。

当回顾这一切时，他意识到自己迄今为止是多么的幸运。"我很幸运，发生在我身上的一切，我现在拥有的一切。我为所做的事感到欣慰，要感谢世界各地所有爱我的人们。我所拥有的一切都是如此美好，真心感谢命运所赋予的一切。"

右页左上图: 2019年，在布里斯班和孩子们一起打球

右页右上图: 参加西班牙综艺节目El Hormiguero

右页左下图: 2017年赢得法网后，与球童合影

右页右下图: 纳达尔温网夺冠后回到马纳科尔

比赛

法国网球公开赛

2021年6月11日

法国，巴黎，罗兰·加洛斯球场

拉斐尔·纳达尔vs.阵诺瓦克·德约科维奇

诺瓦克·德约科维奇以3：6、6：3、7：6、6：2拉斐尔·纳达尔

自2005年以来，网坛三巨头（费德勒、德约科维奇和拉斐尔）就彻底统治了男子网坛，常常一路碾压晋级路上的其他对手。想要理解他们到底有多霸气侧漏，只需要看看下面这个简单却令人难以置信的统计数据：在2004年和2021年间，在总共71次大满贯单打决胜中，三巨头赢得了其中的59次。自私吗？当然自私。甚至可以说简直过于蛮横霸道了。

59次冠军中有三分之一被拉斐尔收入了囊中。然而他的这种霸主地位会持续到21世纪20年代吗？

受全球疫情影响，本世纪20年代开局就不顺。和其他所有职业球员一样，拉斐尔也被迫在那年的大部分时间里无所事事。

拉斐尔尽管在2021年做了些尝试性的回归，但澳网四分之一决赛中还是输给了斯特凡诺斯·西西帕斯，真正找回自己的比赛状态是在转入红土赛季后。他在巴塞罗那和罗马都取得了胜利，在罗马是赢了德约科维奇夺冠。因此，当巴黎的法网开赛时，所有人的目光都聚焦在拉斐尔身上。大家都看好他；大家都很喜欢他；大家都以为这次他会赢得第14次大满贯，打破罗杰·费德勒保持的纪录。

马纳科尔人前四轮比赛打得轻松，都是直落两盘便拿下了比赛，包括击败大受现场观众欢迎的本土球员理查德·加斯奎特。来到四分之一赛时，对手是阿根廷的迭戈·施瓦茨曼，一度发挥不甚理想，丢掉了一盘。来到半决赛，对手为德约科维奇。

然而，这可是在法网赛场，无论从哪个角度看都像是拉斐尔的主场。而且在两人之前法网的8次对阵中，德约科维奇输掉了7次。

这是个闷热的巴黎晚间，西班牙人开局就显得气势汹汹，用不到40分钟时间，就取得了5:0的领先优势。最终6:3拿下了第一盘。但随后场上情况突生变化。德约科维奇似乎找回了自己的状态和信心，而拉斐尔则状态下滑。塞尔维亚人底线上占尽优势，以大角度的击球落点调动对手，再以刁钻的网前小球迫使对手前扑后撤，疲于应付，最终以6:3扳回了第二盘。

这场经典之战的第三盘是最令人记忆深刻的。记者西蒙·坎伯斯在ESPN网站上是这样评述的："一场红土上的大师对决"。"猛烈的抽击，惊人的球场覆盖，重压下的勇气与毅力和艰难时的冷静。比赛简直惊为天人。"

菲利普·夏蒂尔球场观众席上5000名球迷完全沉醉在了场上网球的每一次往返中。当比赛来到某个阶段时间已超过晚上11点，球迷们担心他们可能不得不提前离场，因为疫情，法国政府颁布了严格的宵禁政策。幸运的是宵禁政策居然对球迷做出了让步，特许了他们继续见证完这场震撼的巨星之战。

随着比赛的继续，拉斐尔先于德约科维奇显露出疲态。塞尔维亚人于是抓住了机会一鼓作气。第四盘中，他的发球局仅失了8分。最终用时4小时11分钟，艰难地击败了这位罗兰·加洛斯的红土之王。

"这绝对是我在罗兰·加洛斯参加过的最棒的比赛。"德约科维奇事后说，"这也是整个职业生涯中，我发挥最棒的三场比赛之一。要知道这场比赛的对手，可是战绩辉煌，称霸法网15个年头的拉斐尔，可以说比赛打得非常紧张激烈。太令人震撼了。我想我将会永远记住这个夜晚和这场比赛的。"

德约科维奇对他刚刚战胜的对手仍然赞不绝口。"对于拉斐尔在罗兰·加洛斯的成就，再美好的词汇都无以表达。"他说："他一直都是罗兰·加洛斯场上最具统治力的球员。他的整个职业生涯中在这里只输过三次。他在这里打了快20年的比赛了。"

拉斐尔像往常一样，失败时依然不失谦虚。他说："我在法网也不是永远战无不胜的，"他说，"网球比赛中，你必须接受胜利和失败。我得坦承我不可能再赢第15次、16次。这也算不得是件坏事儿。我还是很难过，因为输掉的是这一年里，对我而言最重要的一场球。然而这也仅是球场上的一次失败，明天我又将回归生活，与家人们在一起。"

在赛季剩下的时间里，拉斐尔与家人一起的时间比预想的多得多。法网之后他只参加了两场比赛，都是8月在华盛顿举行的ATP赛事。他以左脚旧伤反复发作为由，退出了美国硬地巡回赛的剩余比赛，然后宣布了将在本赛季剩下的时间里疗伤和休整。

比赛

法国网球公开赛

2022年6月5日

法国巴黎罗兰·加洛斯网球场

决赛：拉斐尔·纳达尔vs.卡斯珀·鲁德

拉斐尔·纳达尔6：3，6：3，6：0卡斯珀·鲁德。

　　22个大满贯单打冠军。纳达尔男子网坛的这一纪录，会被其他选手所超越吗？

　　距首次法网夺冠17年后，拉斐尔再次赢得了法网冠军……这是他第14次法网夺冠了，而且是以36岁"高龄"，从而巩固了其不仅为史上最为成功，也最年长的法网男子冠军的地位。

　　其实，此前的几周里，鲜有人敢预测这位西班牙人还能成为夺取"火枪手杯"的热门人选。马德里ATP大师赛上，八强赛落阵；在罗马公开赛，未能打入第三轮；撕裂的肋骨和旧日脚伤，这些在体能和心理上都可能是挥之不去的负担。

　　拉斐尔到达巴黎时，脚伤已经令其苦不堪言。事实上，情况已经严重到医生不得不在整个比赛期间，多次靠注射麻醉剂以减轻他的疼痛。"我的脚部已经麻木到快没有知觉了，靠着这个我坚持住了这两个星期的比赛，"拉法后来透露道。

　　尽管这种医疗措施无形中增加了球场上脚踝扭伤的风险，尤其红土场上离不开滑步动作的情况下，万幸最终结果却出人意料的好。前三轮比赛中，在面对经验远不及自己的对手时，拉法没有丢一盘。第一次真正的考验来自第四轮，对阵第9号种子加拿大人费利克斯·奥格-阿利亚西姆时。巧合的是，对手的教练正是纳达尔的叔叔、前教练托尼·纳达尔。很显然，叔叔已为新晋弟子如何攻陷亲侄子提供了葵花宝典，因而这场比赛纳达尔被拖入了五盘大战。

　　在成功进入八强后，马略卡人发现接下来面对的是赛事头号种子，老对手诺瓦克·德约科维奇。这是两人历史性的第59次交锋，纳达尔开赛就情绪饱

满，快速拿下了首盘。德约科维奇初始未找到节奏，但随之很快恢复了状态，铆足劲将比赛扳成了一比一。

　　平心而论，这是场本该出现在决赛场地上的史诗般精彩的大师对决。在赢得第三盘后，第四盘纳达尔遇到了麻烦，直接面临了对手的两个盘末点。他显然不想将比赛拖至第五盘。奋力反击，重新拼出破发并将比分追平成6∶6。最终，在这场耗时4小时11分，五月开打六月结束的比赛中，纳达尔终于战胜了他的塞尔维亚老对手。"要打赢德约只有一条路：从第一分到最后一分都拼尽全力，"纳达尔赛后说，"今天依然如此，而且难度前所未有。"

　　半决赛中，纳达尔不战而胜，在比赛进行到第二盘时，德国对手亚历山大·兹维列夫踝关节严重受伤，被迫临场退赛。

　　于是纳达尔又来到了决赛，对手是23岁的挪威选手卡斯珀·鲁德，整整小了自己13岁。这是一场无趣的比赛，双方都没能完全发挥出应有的水平。唯一有趣的是，鲁德的青少年时期是在纳达尔马略卡岛的网球学院以学生身份度过的。他承认自己大部分比赛风格，都是在模仿校长纳达尔。虽然两位选手的师徒关系并不像奥比—旺·克诺比和卢克·天行者那样，但之前他们也曾多次一起练球，而这是两人在职业比赛中首次交锋。

　　第一分的失误，使年轻的挪威选手在职业生涯首场大满贯决赛中的紧张情绪显而易见。而对面身穿绿色短裤和亮黄色上衣的大师，却丝毫没对自己的学生手软，用连续的正拍超级上旋球猛攻对手的反手，把对手逼到球场的远角上，并且多次成功破发。在进入整场比赛的最后一盘第三局时，纳达尔在这位挪威对手面前优势尽显。最终居然以连下11局获得了整场的胜利。而最后6局的比赛时长仅用了30分钟。

　　"很难描述我现在的感受，"纳达尔赛后在菲利普·夏蒂尔球场，面对现场球迷们说道。"这是从未想过的事情，36岁还能在这个球场打球。能在职业生涯最重要的这座球场上比赛，对我而言可以说是意义非凡。不知道未来会有什么奇迹发生，但我会继续奋斗，再继续努力前行。"

结语 纳达尔与作者

年龄关系，使我有幸得以见证到了拉斐尔·纳达尔从网球神童到登顶巅峰的中年球员的整个网球生涯。我见证到他的高光时刻，也目睹过他的低迷不振；欢呼过他的辉煌成就，也揪心过足以葬送他职业生涯的伤病。

这个马略卡人首次引起我关注是在2000年，还是个13岁的毛孩子。他赢得了法国塔尔布镇举办的名为"Les Petits As"的锦标赛。这项赛事旨在为青少年选手提供一个展示实力的平台。体育记者们往往会在心里默默记住那些获胜小选手的名字。这些孩子当中有些在之后的成人赛事中成绩斐然，也有半途而废的。很显然，少年拉斐尔不属于后者。

第一次见到本尊是2003年4月的蒙特卡洛公开赛，那时他16岁，是他在那项赛事中的首次亮相。那一次他击败了罗兰·加洛斯的卫冕冠军阿尔伯特·科斯塔，因而名声大振。当时我在为一家名为"ACE"的英国网球杂志做编辑。我的一位极其敏锐的记者同事坚信，这个来自马纳科尔的小伙子已经具备成为未来冠军所有的条件。对此我还不大确信，但依然在俱乐部比赛的休息间约访了他。我记得当时他还俯身台球桌上，假装做出击球动作，让我拍了好几张照片。

三年半之后，我们再次相遇时，拉斐尔已迅速成长为冠军了。那是2006年10月的巴黎，这是我唯一一次需要真正想办法突破为他搭建起的保护人墙和涌向他的媒体。受GQ杂志的委托，我要写篇关于他的文章，于是一早就乘欧洲之星从伦敦赶到了法国首都。这位球员被预约参加一档名为Stade 2的法国体育电视节目。我的采访就只有利用从酒店乘车到电视台演播室的空隙了。

汽车后座的采访一般会出现两种情况。交通顺畅，车行迅速，能留给你采访的时段就可能会无情地缩减。谢天谢地，巴黎那天正好出现了严重的交通拥堵，最终的交谈时长达45分钟。即便对GQ这样有影响力的杂志而言，这也比一般名人采访时能安排出的时间要长了。

我们俩坐在轿车后座上，拉斐尔很高兴能在路上闲聊来打发时间，而我则小心翼翼地将话筒贴近他的脸，尽量不撞到他宽厚的肩膀。我们聊到了他对马纳科尔岛的热爱（"我肯定会在马纳科尔岛待到老。"），他说自己正在调整打法，这样可以减少球场上的奔跑距离，还谈及与他的名字扯上关系的兴奋剂丑闻。对于兴奋剂丑闻，他淡然地嗤之以鼻，回应一句"纯粹一派胡言"。

之后我试探着提及他女朋友的话题，天真地希望能从他口中套点独家报道。"我不想谈我和女朋友的关系，"他说。"那是我的私事。有时一些杂志会编造故事，刊登些私人照片。我不喜欢这样的媒体报道。"

我不打算就此罢手，继续追问梅里（或媒体口中的"希斯卡"）是否会分散他对职业网球赛这一严肃事物的专注力。"对我而言，女朋友的存在，既没有多少帮助，也没有使我分心，"他说。"有女朋友和没有女朋友，比赛结果都是那样。我是在一年前认识她的。那之前我赢得了罗兰·加洛斯、罗马、蒙特卡洛和巴塞罗那的比赛。那之后我赢得了马德里、蒙特卡洛、巴塞罗那、罗马和罗兰·加洛斯的比赛。所以有和没有女朋友，对我的比赛根本没有影响。"说完这席话，他用肢体语言明确地告诉我，这个话题得就此打住了。

很多年来，我还曾有过好几次与拉斐尔交流的机会。不过，大都是在新闻发布会现场，除了对刚结束的比赛发表些平淡无奇的想法之外，几乎不可能收集到其他的信息。还有一次在马德里的单独采访机会，是他为自己赞助的视频游戏举行发布会的现场，不过这次来之不易的采访机会，却被他的公关主管粗暴地打断了。但是我至少知道了他的Bon Jovi和U2乐队粉丝的身份，以及他刚刚读完了伊莎贝尔·阿连德和丹·布朗的小说。他还调侃说这次马德里之行就像丹·布朗的小说一样，缺乏周密的计划，显得漫无目的。

我真正想要做的，是能有机会到拉斐尔家乡对他进行一次采访。几年后，这个机会终于被我等到了，这次得感谢他的健身器材赞助商，他们让我飞到了马略卡岛，为GQ杂志安排一期主要涉及他的健身计划的专访。

我去到了他的训练中心（这是他建立自己学院之前的几年），无聊地四处闲逛，等待采访的开始。让人头疼的是，公关主管不断修改安排好的时间。本来上午的会面被推迟到了午餐时间，然后又被延后到了下午。

最终接近傍晚时分，才从最初预定的会面地点出发，驱车很长的路程之后我最终见到了他。不出所料，原先承诺半小时的采访时间，又被缩减到20分钟左右。不过，拉斐尔还是一如既往地让人感觉亲切。他友好地谈起了他的健身锻炼、他的膝伤、他的套索式正手、西班牙的运动成就、他对铁板灼虾gambas a la plancha的喜爱、他在健身时会播放的音乐（还是Bon Jovi）。说实话，我觉得他应该不清楚为这次见面我等了一整天，如果当时告诉他，很可能会让他感到抱歉吧。

多年来，我与拉斐尔四次单独接触，都留给了我类似的印象。他是一个迷人且讨人喜欢的家伙。虽然他非常富有（考虑到他的职业特点，这也是理所当然的），但对誉满全球之类的浮名虚利却毫无兴致。也没有像许多世界知名人士那样自带光环。这可能就解释了为什么大家形容他时用"亲切和善"。他实质上就是美国人口中的一个"运动狂夫"。体育就是他几乎全部的兴趣所在，无论网球、足球、高尔夫还是钓鱼。

半个世纪后，当拉斐尔也老了，他不会再打网球或踢沙滩足球。但他仍然会居住在他的地中海小岛上。如果他仍然能在高尔夫球场上挥杆，坐在游艇后面钓鱼，也一点不会让人感觉惊奇。只是那时的游艇，也许会比现在的这艘更大、更豪华吧。

译后记

五月的某一天，是我和网球运动结缘周年纪念日。

元旦一过就开始琢磨，能不能以种什么方式纪念一下，正巧重庆大学出版社张维主任问起有没有兴趣参加一本与网球有关书的翻译，发过来的几页截屏瞬间吸引了我，便无条件应承了下来。

这不正是为热爱了二十年的网球能做且非常有意义的一件事吗？

利用年假和春节的几天假期，我完成了书的翻译，其间女儿调侃说都ChatGPT时代了，谁还这样老土，苦哈哈废寝忘食、熬更守夜，我只笑笑回了句："是我愿意！"

回头再看这本书，文字并不华丽和晦涩，写作很是流畅，如果只简单译成中文难度并不很大，但若想要让每位喜欢纳达尔和喜爱网球运动的读者，通过中文版阅读，从书中11场比赛的描写中，去体会网球运动的竞技性和智慧性乐趣；从纳达尔成长过程和训练细节的描述里，去理解这位红土之王的品格建立和人格养成，包括反差巨大的顽强犀利的球场作风和似水般低调阴柔的个人性格，想准确表达出来，让阅读者能读出味道，也是会有些难度的，以至于在对"raging bull"的采意时，是三校的最后时刻才决定用"盛怒中的公牛"，感觉比直译为"愤怒的公牛"形容更为贴切，也更符合书中纳达尔贯穿始终的性格特征。

翻译本身是项永远会留下遗憾，仁者见仁智者见智的工作，它除受限于翻译者本身的语言功底和文化底蕴以及文字驾驭能力以外，更取决于译者对原著作内容精神实质的理解与热爱。为了对翻译内容负责，译者甚至搜出了书中所描写比赛的部分视频资料，认真加以研读，但估计直到付印，还是仍会诚惶诚恐，怕因为工作的不细致，对不起原书作者和让阅读者失望。

最后衷心致谢合作者，也是我的网球教练的重庆师范大学赵化纯老师以及重庆大学出版社张维主任。

衷心感谢赛克网球俱乐部[SEC tennis club (chongqing)]和重庆大学网球协会的伙伴们，因为有你们的鼓励，才有我二十年的坚持。

也希望这本书的出版，能让更多的人投入到网球这项集竞技和智慧于一体的运动中。

林跃

2023年7月21日

于丽江束河古镇塘舍

致谢

Many thanks to Lorenzo Cazzaniga (tennis journalist and director of *Tennis Magazine Italia* and *Padel Magazine*) for his valuable insights into Rafa's life in Mallorca.

参考资料

- *Rafa: My Story*, by Rafael Nadal and John Carlin (Sphere, 2011)
- *Strokes of Genius: Federer, Nadal, and the Greatest Match Ever Played*, by L. Jon Wertheim (Houghton Mifflin Harcourt, 2009)
- *Roger Federer & Rafael Nadal: The Lives and Careers of Two Tennis Legends*, by Sebastián Fest (Skyhorse, 2018)
- *Bounce: The Myth of Talent and the Power of Practice*, by Matthew Syed (Fourth Estate, 2010)
- *The Best: How Elite Athletes Are Made*, by Mark Williams and Tim Wigmore (Nicholas Brealey, 2020)
- *Lonely Planet Mallorca* (Lonely Planet Global, 2017)
- *The Rough Guide to Mallorca & Menorca* (Rough Guide, 2019)
- *Babolat: An Ongoing Match*, edited by Francois Perrin (Babolat 2011)
- *Dicoculture Illustré de Roland-Garros*, by Julien Pichené and Christophe Thoreau (Editions R&Co, 2013)
- *Rafael Maitre sur Terre*, by Jaume Pujol-Galceran and Manel Serras (Editions Prolongations, 2008)
- *Rafa, Mon Amour: Sa Vie, Son Oeuvre, Sa Legende, Son Mythe*, by Simon Alves, Remi Capber, Pauline Dahlem, Laurent Trupiano, (Editions Flora Consulting, 2013)
- *Rafael Nadal: The Biography*, by Tom Oldfield (John Blake 2009)
- *Right Hand, Left Hand: The multiple award-winning true life scientific detective story*, by Chris McManus (W&N, 2003)
- "'Superstition' in the pigeon," by Burrhus Frederic Skinner (*Journal of Experimental Psychology*, 1948, Vol 38)
- "The advantage of being left-handed in interactive sports", by Norbert Hagemann (Attention, Perception, & Psychophysics, 2009)

图片版权

注：图片版权声明中的页码为原书页码。

Rafa Nadal by Dominic Bliss.

Copyright © 2022 Quarto Publishing plc.

First published in the UK in 2022 by Ivy Press.

An imprint of The Quarto Group.

All right reserved.

版贸核渝字（2023）第 028 号

图书在版编目（CIP）数据

拉法·纳达尔：红土之王／（英）多米尼克·布利

斯（Dominic Bliss）著；赵化纯，林跃译．- 重庆：

重庆大学出版社，2023.10

（万花筒）

书名原文：RAFA NADAL：THE KING OF THE COURT

ISBN 978-7-5689-4192-1

Ⅰ.①拉… Ⅱ.①多… ②赵… ③林… Ⅲ.①拉法·

纳达尔 - 传记 Ⅳ.① K835.515.4

中国国家版本馆 CIP 数据核字（2023）第 183161 号

拉法·纳达尔

红土之王

lafa nadaer

hongtu zhi wang

[英]多米尼克·布利斯（Dominic Bliss） 著

赵化纯 林跃 译

特邀策划：郭惠民

责任编辑：张锦涛 张 维 书籍设计：M°°° Design

责任校对：邹 忌 责任印制：张 策

重庆大学出版社出版发行

出版人：陈晓阳

社址：(401331) 重庆市沙坪坝区大学城西路 21 号

网址：http://www.cqup.com.cn

印刷：北京利丰雅高长城印刷有限公司

开本：720mm × 1020mm 1/16 印张：14.75 字数：197 千

2023 年 10 月第 1 版 2023 年 10 月第 1 次印刷

ISBN 978-7-5689-4192-1 定价：88.00 元